시작은
희망이다

시작은 희망이다

최숙자 산문집

도서출판 두엄

■ 자서

긴 터널을 지나왔다
굴곡진 삶이지만
많고 많은 낮과 밤을 지나와
인고의 시간으로 품은
마음을 세운다.

이제 남은 세월을 어떻게 보내야 하나
어떻게 살아야 할 것인가 생각하다
나만의 이야기를
한 권의 책 속에 담아보고 싶었다.
오래전 울고 있던 작은 아이의 상처를
덜어내고 덜어내어
어떤 응어리라도 풀어버리고 싶다.
그리하여,
세상 모든 것을 사랑하면서
한 마리 자유로운 새가 되고 싶다.

겨울에 태어난 아이

나는 1952년 12월 8일(음력) 부산 동래구 연산동 철도관사 19-1호에서 태어났다.

아버지는 일제 강점기 때 일본에서 3년을 살다가 해방을 맞아서 온 가족이 조국으로 돌아오게 되었다. 그 후 아버지는 할아버지 인맥으로 철도청 PX에서 근무하면서 자리를 잡게 되었다. 부산은 그때 전쟁을 피해 온 피난민들로 한창 북적거리던 시기였지만 부모님의 권유로 19세에 첫 결혼을 하였지만 실패로 끝나고, 아버지는 27세에 나를 낳아준 어머니와 두 번째 결혼을 하게 되었다.

어머니 역시 재혼이었으나 두 번째 결혼도 그리 평탄하지 못했다. 어머니는 층층시하의 맵고 매운 시집살이에 잠시도 쉴 틈이 없어 그나마 자식 낳아서 젓 물릴 때가 가장 행복했다고 한다. 추운 겨울 아침 7시경 여느 때와 다름없이 큰 가마솥에 장작불로 밥을 지어 대식구의 밥을 뜨고 있던 중에 진통이 왔지만 어머니는 이를 악물고 참았다. 애를 낳더라도 열한 그릇의 밥을 떠놓고 애를 낳자는 생각으로 배를 받쳐 들고 용을 써 봤지만 뱃속의 아이는 자꾸 밀려나와 어쩔 수 없이 밥주걱을 솥에 걸쳐놓고 방으로 뛰어 들어가 바로 아이를 낳았다.

그 당시 나의 할머니는 독실한 불교 신자였다. 내가 태어났던 1952년 음력 12월 8일, 유난히 추웠다던 그날은 부처님께서 한자리에 앉아 6년을 지내다 도를 깨친 날이다. 음력 선달 초여드렛날에 인간의 길을 쟁취하였다 하여 '성도절'이라 부른다. 그래서 할머니는 절에 가시려고 막 문을 열고 나서려는 순간에 내가 세상에 나온 것이다.

할머니는 곱게 차려입었던 옷을 벗어 놓고 산모 뒷바라지를 해야 하니 부정 타서 절에도 못 가신다고 불평불만을 마구 쏟아내는 바람에 어머니는 죄인 아닌 죄인이 되어 몸조리는커녕 3일 만에 자리를 털고 일어나 살을 에는 추운 겨울에 꽁꽁 언 도랑의 얼음을 깨고 기저귀를 빨아야 하는 혹독한 시집살이를 하였다.

첫돌까지는 아무런 이상 없이 잘 자라 아장아장 걸음마를 시작하였다. 그러나 불행의 시작은 소리 없이 나를 찾아와버렸다. 대청마루에서 한창 기분이 좋아 노래를 흥얼거리고 춤을 추면서 놀고 있는데 검은 고양이가 난데없이 나타나 놀고 있는 아이에게 덮치고 지나가는 바람에 그만 놀래서 퍽 주저앉아 울고 있는 나를 보고 깜짝 놀란 어머니는 얼른 안고 방에 들어가 젖을 물려 달래봤지만 계속 나부대면서 울기만 한다. 어머니는 억지로 젖을 물려 재웠는데 밤새 몸이 불덩이가 되어 정신을 차리지 못했다. 어머니는 그런 애를 일으켜 업으려고 하는데 다리가 덜렁덜렁하여 앉지도 서지도 못했다. 너무 놀란 어머니는 할아버지에게 뛰어가 사실을 고하니 그냥 놀라서 경기를 하는 거라면서 바늘로 손발을 따고 말았다. 그러나 시간이 지나갈수록 아이의 상태는 점점 안 좋아졌다. 밤새 뜬눈으로 지새우던 어머니는 날이 밝자 아이를 데리고 독일 병원을 찾아갔다.

"아니, 지금 오시면 어떻게 해요? 진즉에 데리고 왔어야지 왜 밤을 새우고 이제 데리고 옵니까? 척추가 늘어져 이미 손을 쓸 수 없는 상태입니다. 달리 방법은 없어요. 그냥 재활치료를 하는 수밖에"

다음 날부터 단 하루도 빠지지 않고 백일이 넘도록 통원치료를 받고 나니 문지방을 잡고 겨우 발을 떼더라고 한다. 결국 운명의 장난인지 나는 싹을 틔우기도 전에 꺾여버리듯 후천성 소아마비로 인해 평생 바로 걸을 수 없게 되었다. 그 와중에 집안에 또 다른 폭풍이 불어닥쳤다. 하나밖에 없는 귀한 아들인 오빠의 갑작스러운 사고가 생겼다. 손자를 그토록 애지중지하던 할아버지는 귀한 손자를 잘 키우시려는 욕심으로 조제해온 보약에 부자를 잘못 사용하여 부작용이 생겼다. 이로 인하여 오빠를 하늘나라로 떠나보내게 되었다.

초등학교 2학년인 오빠가 학교 다녀온 후 배가 아프다고 했지만 그 당시에는 회충이 많아 회충 배인 줄 알고 조금 지나면 괜찮아질 것이라고 생각하고 그냥 둔 것이 화근일까? 배를 잡고 뒹굴며 고통 속에서 하룻밤을 지새우고 독일 병원으로 갔지만 하늘이 무너지는 소리를 들었다. 창자가 다 녹아버려 생명이 위독하니 마음의 준비를 하라는 청천벽력과도 같은 소리를 들었다. 어린 오빠의 생명이 위독하다는 소리에 모두들 놀라 말을 잃고 있었다. 어머니는 아버지에게 다급한 소식을 전해야 했지만 연락이 되지를 않았다. 아버지는 오빠가 태어나고 얼마 후 바람이 나서 두 집 살림을 하고 있을 때라 아버지에게 연락을 하려면 시간이 걸렸다. 어린 오빠는 그런 아버지를 기다리다 마지막까지 눈을 뜨고 숨을 거두자, 뒤늦게 도착한 아버지가 오빠의 두 눈을 쓸어내리니 그제야 눈을 감았다고 한다. 그렇게 기다리던 아버지와 할아버지 손에 짧은 한 생이 마무리되었다. 이로 인하여 아버지는 사랑하던 아들을 떠나보내고 다시는 돌아올 수 없음에 절망을 하였고 남은 가족의 행복은 마치 끝이 나버린 것 같은 암흑이 되어버렸다.

생때같은 아들을 잃어버린 것도 슬프고 슬픈 일인데 남편은 바람이 나서 집으로 돌아올 기미가 보이지 않는다. 게다가 병신 딸을 낳았다고 구박하는 시어머니의 모진 시집살이는 더욱 심해지고 이를 도저히 못 견딘 어머니는 집을 나갔다. 할아버지가 어머니를 찾아가서 달래보았지만 끝내 어머니는 집으로 돌아오지 않았다. 아니 어쩜 할머니가 쫓아 버렸다고 해야 하는 것이 더 맞을 것 같다. 아직도 어머니의 젖을 찾는 어린 여식을 두고 할머니는 강제로 생이별을 시켰다. 아이를 떼어버리고 친정에 머무르던 어머니는 아이에게 젖을 물리지 못해 젖몸살을 앓다 도저히 참을 수 없어서 젖을 먹이러 집으로 돌아와 아이에게 젖을 빨리고 있는데 할머니는 눈물이 쏙 빠지도록 독설을 퍼부어 댔다. 그러든 말든 젖을 다 먹이고 나오는데 아이는 그제야 엄마를 알아보고 안 떨어지려고 울고불고 난리를 치면서 어미를 따라가겠다고 배를 밀면서 기어 나오는 아이의 발목을 꼭 잡고 어머니에게 욕을 퍼부어 댄다.

"오망에 미쳐서 집구석을 나갔으면 두 번 다시 나타나지 말아야지 왜 자꾸 나타나서 얼라 맘만 흔들어 놓고 지랄이고, 다시는 내 집에 발걸음도 하지 마라! 야 이 화냥년아"

할머니는 집을 나가는 어머니의 뒷모습이 사라지고 악을 쓰며 욕을 하고 있었습니다. 그것이 나와 어머니의 마지막 이별의 순간이었습니다.

세 살 때부터 부모님의 따뜻한 사랑을 받지 못하고 할머니의 손에 자라게 된 언니와 나는 그늘에 웅크리고 앉아 어두운 그림자만을 바라보았다. 하지만 할머니는 그런 우리에게 위로는커녕 구박하기가 일쑤였다. 어쩌다 밖에라도 나와 서 있으면 짜증이 섞인 말투로 역정만 내었다.

"이 년의 가시나 빨리 기어들어 가라"

틈만 나면 우리를 혼내는 할머니의 눈치를 살피면서 혼이 나지 않기 위해 애를 써야만 하였다. 어떤 날은 할머니가 나를 업고 동네에 나가시면 "똥딴지같은 가시나 다리도 축 늘어져서 무거버 빠진걸 뭐 할라고 업고 다니노, 고마 쥐약 먹여 지기뿌라" 하는 동네 어른들의 말에 "하늘이 무서버서 우째 그래 하노"라고 말을 던졌지만 할머니의 독설은 날이 갈수록 더욱 심해져 어린 나에게 상처가 되어 깊고 깊게 나의 심장을 후벼 팠다.

"우환덩어리 뒤져라, 죽어뿌라"

엄마도 없는 작은 아이는 빛이 보이지 않는 집에서 성장을 하면서 얼마나 슬프고 무서웠을까? 지금도 생각해 보면 나도 모르게 하염없이 눈물이 두 볼을 타고 주르륵 흐른다. 늘 무서움에 움츠렸던 아이에게 밥값도 못한다고 던져 준 김치 대가리와 양에 차지 않는 밥보다 더 힘들었던 것은 할머니의 구박이었다.

언니가 신었던 헤진 헌 고무신을 손가락에 끼워서 한 걸음 한 걸음 기어 다니는 연습으로 걸음마를 배우고 늘 혼자서 집 지키는 것이 나의 하루 일과였다. 어쩌다가 언니가 나를 업고 나가서 바깥 구경을 하는 날도 있었다. 언니는 동네 아이들과 뛰어다니며 고무줄을 하고 나는 그들의 즐거움을 도와주는 고무줄 잡이만으로도 너무 좋았다. 하지만 왁자지껄 시끄럽게 뛰는 그들을 바라보는 나의 눈은 부러움으로 가득했다. 그런 즐거움도 잠시 잠깐, 나를 향해 놀리는 비웃음이 섞인 소리들이 들린다.

"쩔룩발이~ 쩔룩발이~"

동네 아이들은 나의 머리를 찰싹찰싹 때리면서 놀렸고 나를 놀려대는 소리에 엉엉 울어버리고 말았다. 그뿐만이 아니다. 기어 다닌다고 동네 아이들이 "개야, 개야" 하며 놀다가 헤어질 때면 밀어 버리고, 꼬집고, 휑하니 가버리는 날은 더욱 내 신세가 처량해져 울면서 집으로 돌아오지만 항상 할머니는 내 목 뒷덜미를 들고서 마루에 내동댕이치면, 마루에 쿵 하고 찍힌 머리보다 더 아프게 들리던 할머니의 역정은 지금도 생생하다.

"이놈의 가시나, 아이고 뵈기 싫어래이 저놈의 가시나" 하면서 마루 선반 위에서 나를 기다리고 있는 싸릿대로 짝짝 소리가 나도록 때리면 피멍이 들고 덜 맞으려고 창고로 숨어서 끼니를 거르기 일쑤였기에 참으로 슬픈 아이의 인생길이었다.

유년의 기억

나의 아버지를 추억해 보지만 추억이라고 생각할 만한 것이 없다. 그저 아버지란 이름뿐인 사람으로 가끔씩 할머니께 생활비를 주러 왔었다. 그렇지만 집에 와서 나를 쳐다보지도 않고 투명 인간 바라보듯 힐끗 한번 쳐다보는 것이 고작이었지만 나는 아버지가 쳐다보는 것조차 무서워서 말도 한 마디 못하고 옆집 아저씨 보듯 스쳐 지나갈 뿐, 반갑게 안기거나 인사도 하지 못했다. 그 후로도 지금까지 단 한 번도 아버지라고 불러본 적이 없다.

말을 하기 전부터 아버지와 어머니의 얼굴도 까마득히 잊어버린 채 할머니 빈 젖꼭지를 물고 컸으니 부모님 자리는 원래 없는 줄 알고 자라서 아버지에 대한 따뜻한 기억은 당연히 없을 수밖에, 그러니 아버지를 만나도 남을 대하듯 하였던 것 같다.

할아버지 할머니가 안 계셨으면 고아나 다름없었다. 때로는 차라리 고아였다면 의무교육인 초등학교는 다닐 수 있었겠지 하는 생각도 해보지만 이제는 부질없는 기억의 잔재일 뿐이다.

"복 없는 년", "복 없는 년"

말이 씨가 된다고 했다. 매일매일 할머니의 입에 달고 다니는 그 말 때문에 정말 복이란 멀리 달아나 버렸는지 내가 성장해 나가는 과정의 어느 한구석에도 복은 자리를 잡지 못하고 어디에도 찾아볼 수 없게 된 것일까? 그래서 사람들은 자라나는 아이에게는 좋은 말만 해야 한다고 했지. 그렇지만 이것은 시작에 불과했다.

머리 스타일이 지금처럼 다양하지 않던 그 시절에는 여자아이들의 머리가 대부분 길어 양 갈래로 묶어서 땋는 머리를 많이 했지만 머리를 빗겨주는 어머니가 없다 보니 나는 머리를 풀어 헤쳐 있을 때가 많았다. 그때마다 할머니는 “이년아 머리를 풀어헤치고 다니면 니 어미 잡아먹는다.” 라고 머리빗으로 머리를 묶어주거나 땋아 주면서도 빗으로 머리를 톡톡 때리곤 했다. 할머니는 기운이 왜 그리 센지 머리 묶어 주실 때마다 너무 아파서 눈물을 흘렸다. 하지만 아파서라기보다는 뭔지 모를 알 수 없는 설움이 복받쳐 올라 흘린 내 눈물은 어린 마음속으로 흘러들어 남몰래 고여 나만의 슬픈 우물을 만들었다.

주면 주는 대로 먹고 때리면 때리는 대로 맞고 우두커니 서 있는 나무처럼 묵묵히 할머니 품 안에서 성장했다. 그래야만 조용히 살아갈 수 있다는 것을 너무 어린 나이에 알아버린 것이다. 하지만 세상에는 할머니만 존재하는 것이 아니었기에 참으로 다행한 일이었다. 항상 내 편이 되어주신 할아버지는 가끔씩 나에게 검은 물을 들인 광목 보자기를 덮어씌우고 머리를 깎아주시곤 하셨는데 그럴 때마다 나는 몰라볼 만큼 깔끔한 아이로 변하곤 했다. 그리고 라디오에서 3.1절 노래가 흘러나오자 나는 흥이 나서 “기미년 3월 1일 정-오 터지자 밀물 같은 대한 독립만세”를 따라 부르면서 재롱을 떨자 삼촌은 나에게 칭찬을 아끼지 않았다. 아버지와 어머니가 없어도 할머니의 구박도 있었지만 할아버지와 삼촌의 관심을 가끔씩 받고 했으니 완전하게 불행한 아이는 아니었나 보다.

하루는 삼촌이 조카가 더럽고 머리에 이가 있다며 큰 가마솥에 물을 붓고 장작불을 때어 큰 통에 물을 붓고 나를 담그고 묵은 때를 밀어 깨끗이 씻어 줄 때는 삼촌이 있어서 행복한 때도 있었다. 그런 삼촌의 덕분으로 우리 집에는 다른 곳에는 없는 유성기가 있었다. 그래서 일찍부터 유성기에서 나오는 노래를 듣고 따라 부르면서 노래를 익혔다.

가수 폴 앵카의 "다이아나"와 "봄날은 간다", "앵두나무 우물가"에 등, 노래를 제법 따라 부르면서 재롱을 부렸다. 그런 나를 보고 동네 어르신들은 우리 집으로 오시면 "숙자야 노래 한번 불러 봐라"하며 아낌없는 칭찬과 함께 돈도 한 푼씩 주셨다. 그런 일들은 잠시 잠깐일 뿐 손님들이 가시고 나면 할머니의 잔소리는 모두 내 차지였고 명절이 되어도 변변한 옷 하나 얻어 입지 못하고 언니가 입다가 작아진 헌 옷가지와 낡은 신발들은 모두 나의 차지였다. 그러나 언니는 나와 또 달랐다. 할머니에게 1순위는 언니였고 나는 뒷전이었다.

무서운 호랑이 할머니에게 눈에 가시는 오로지 나뿐이었고 당연히 그런 줄 알고 성장했다. 하지만 할아버지의 남다른 사랑이 뒤에서 나를 지켜주었기에 든든했다.

지금도 생생하게 나는 기억이 있다. 다섯 살 무렵 심심하다가 지쳐서 낮잠을 잤는데 너무 꿀잠을 잤는지 어둠이 깔리는 저녁 시간까지 꿈을 꾸고 있었다.

덜그럭 거리는 소리에 눈을 부스스 뜨니 할아버지와 할머니, 언니가 식사를 하고 있었다. 나는 그 풍경을 보고 '으앙' 하고 울어 버렸는데 왜 울었는지 이유는 모른다. 배가 고파서 울었는지, 아님 무엇이 허전해서 울었는지 모르겠으나 내 울음소리를 들은 할머니는 몹시 화를 냈다. "어디 곱게 안 일어나고, 아가빠리 벌리며 울고 자빠졌냐"라고 하면서 밥 안 준다고 언니에게 밥상 치우라고 하자, 언니는 말 한마디 없이 밥상을 매정하게 치워버렸다.

그 서러움으로 눈물 범벅이 되었지만, 할아버지는 할머니를 나무라시며 나를 달래어 무릎에 앉혀 밥을 떠먹여 주시었다.

다음 날이었다. 할머니는 신문지 곳곳에 흩어진 밥알을 보면서 "이놈의 가시나 이거 주워 먹으면 큰일 난데이 죽는다 죽어 저리 멀리 가거라"라고 밥알을 던지며 목소리가 커졌다. 안 그래도 배가 고파서 먹고 싶을 때라서 다가갔지만 이내 먹지 못하는 밥이란 것을 알았다. 그것은 쥐약에 밥을 싹싹 비벼서 득실거리는 들쥐를 죽이는 쥐잡기용이었기 때문이다. 만약 할머니가 그 말을 하지 않았다면 그 밥을 주워 먹었을지 모르는 일이라 나는 지금 이 세상에 없었을 것이다.

나를 닮은 민들레

어느새 나는 학교에 들어갈 나이가 될 만큼 자랐다. 어느 날 동장인 우리 할아버지 손에 '최숙자 취학통지서'가 날아왔다. 이를 받아본 할머니는 몹시 흥분하면서 취학통지서를 손에서 사정없이 찢어버렸다.

"이놈의 가시나 뭐 할라꼬 학교에 보내나"

찢겨버린 취학통지서처럼 아이의 작은 마음도 여러 갈래로 찢어져 어디론가 날아가 버렸다.

봄이 다가오고 동네 또래 아이들은 설레는 마음으로 입학식을 마치고 학교를 다니면서 글을 배우고 있을 때, 나는 공부 대신 할머니가 시킨 콩 타작 빨래 방망이로 콩을 두드리는 일을 하면서 삼베, 모시, 빨래에 풀을 먹이기 위해 모아둔 식은 밥을 자루에 넣어 큰 반티에 손으로 팍팍 문질러 대면 물은 풀이되고 자루에 남은 밥찌꺼기는 나의 양식이 되었다.

아무 맛도 없는 것을 배고픔 때문에 먹어야 했던 고통과 학대는 여덟 살 여자아이의 몫이었다. 할머니는 나를 잠시도 가만두지 않고, 수동 기계 다루듯이 다루었기에 강철처럼 더 단단해져 지금까지 잘 버티며 살 수 있었을지도 모르겠다.

언니를 비롯하여 동네 아이들은 모두 학교에 가버려 시끌벅적하던 동네가 쥐 죽은 듯 조용해졌다. 학교를 가지 못하는 나는 특별히 할 일이 없어 할머니와 함께 마루에 우두커니 앉아있는데 비가 내리고 바람이 세차게 불더니 갑자기 하늘에서 꽁치가 떨어졌다.

"아이쿠! 저거 뭐꼬 삼마 아이가? 삼마"

지금도 너무 생소하다. 요즘 같으면 있을 수도 없는 일이다. 부산 수영구 바닷가 근처인 우리 집까지 찾아온 귀한 꽁치는 어디서 무슨 연유로 날아왔는지 알 수 없으나 우리는 그 꽁치를 주워 연탄불에 구워 맛나게 먹었던 기억이 있다. 아마 학교 못 간 나의 씁쓸한 마음을 달래주려고 하늘이 주신 선물인 듯 그 행복감이란 이루 말로 다할 수 없었다. 그렇게 할머니와 함께 한나절을 보내다 보면 학교에 다녀온 언니는 비가 와서 밖에 나가서 놀지 못해 열심히 공부를 하였고, 나는 유심히 지켜보다가 언니가 잘 쓰지 않는 몽당연필을 주워서 언니가 다 쓴 공책에 침을 발라가며 글씨를 따라 쓰곤 하였다. 연필이 너무 짧아서 힘에 부쳤지만 하루하루 깨알 같은 글씨가 모여 성을 쌓듯 알게 된 한글이다. 게다가 어깨너머로 계산하는 방법까지 알게 되니 이것은 서러움으로 얻은 학습의 결과물이다. 할머니의 끝없는 폭언과 폭력은 나날이 심해졌지만 밥보다 눈치를 더 많이 먹으며 어깨너머로 공부란 것을 가까이하고 있을 때마다 할아버지께서 "이리 오니라" 나를 부르시고는 머리를 쓰다듬으면서 응원하였다. 이렇게 다정하신 할아버지는 동장일을 맡으시면서 가야금도 잘 퉁기시고 시조 역시 훌륭하셨다. 하지만 성격이 불같으신 할머니는 할아버지의 하루하루 시간까지 참견하셔서 할아버지는 밖으로 나가시는 일보다는 집에 계시는 시간이 많아서 나에게는 큰 도움이 되었다. 한문을 한 자, 한 자 가르치시고 시조까지 잘 가르쳐주시는 스승님이셨다.

나름 열심히 하는 고사리 같은 손에 연필을 바로잡는 법을 교정해 주시는 할아버지는 나의 버팀목이셨기에 부모님 사랑 대신 할아버지 사랑을 듬뿍 먹고 자랐다고 해도 과언이 아니다.

언니와의 차별과 불이익은 한두 가지가 아니었다. 심지어 내가 다정스러운 목소리로 언니를 부르면 할머니는 "니는 서울년도 아니면서 언니야~ 라고 부르나, 새이야! 하고 불러라" 그래도 좋았다. 하늘 보듯이 우러러보며 항상 건강한 언니가 있어서 참 좋았다. 든든했다. 아니 보호자나 다름없었다.

소아마비란 이름표를 영원히 가슴에 달고 할머니가 흘린 한 마디 한마디는 여기저기 상처로 겹겹이 딱지가 되어 굳어가는 나는 세상에서 가장 슬프고 마음 아픈 아이였다.

언니는 대접받으며 누릴 것 다 누려가며 언니 자리를 지키고 있을 때 나를 타인처럼 대하고 구박할 때 할아버지는 유일한 내 편으로 늘 감싸 안아 주셨다.

따스한 봄날에 아스팔트 위로 노랗게 피어 활짝 웃고 있는 민들레, 여기저기서 얼굴을 내밀고 있는 모습이 나를 닮은 듯하다.

여름철 뜨거운 햇살에서도 모진 겨울 얼음판 위에서도, 꿋꿋이 살아남아 꽃으로 마무리하는 인생, 나에게 '시작이라는 희망을 선물해 준 민들레??그래서 내가 가장 사랑하는 꽃이다.

삼촌의 투병생활

할머니께서 애지중지 아끼는 막내 삼촌에게 폐결핵이 찾아왔다. 요즈음에는 좋은 약이 많이 나와 치료가 잘되고 있지만 당시에는 사회에 위협적인 존재로 알려진 무서운 질병으로 목숨을 잃는 경우도 다반사이기에 집안에서는 난리가 났다. 특히 삼촌은 할머니의 손가락 중에서 가장 아픈 손가락이었기에 할머니의 심려는 대단하였다.

서울에서 영화감독으로 활동하면서 잘나가는 영화배우 엄앵란, 김지미와 함께 조연 활동 중이었던 삼촌은 자신이 아끼던 문화예술과 모든 것을 버리고 고향인 부산으로 내려와 가족과 함께 생활하게 되었다. 그런 삼촌의 병을 고치기 위해 살림살이를 하나, 둘씩 내다 팔아 병을 고치기 위해 노력하였지만 가세만 점점 기울어져갈 뿐 쉽게 호전되지 않았다.

그럼에도 불구하고 할머니의 지극 정성은 날로 더해져서 병원 생활은 물론이고, 민간요법은 거의 다 활용을 했다.

갓난아기 태반, 뱀, 개, 구더기, 갓 태어난 강아지, 사람의 뼈, 심지어 부산에 있는 단감동 화장터 굴뚝에서 올라온 검은 거스름 가루를 긁어모아서 환으로 만들어 먹이고, 또 먹여서 폐병과 사투를 벌였다. 그러나 삼촌의 병은 차도를 보이지 않고 할머니의 성격만 날로 난폭해지면서 마치 내가 삼촌을 병들게 한 원인인 양 나를 탓하면서 나날이 구박은 더욱 심해졌다.

"복 없는 년, 에잇 복도 지지리도 없는 년"

각혈을 하면서 피를 쏟아내던 삼촌이 먹던 밥과 반찬들을 들고 와서는

"니 언니는 정상이라서 이거 무거면 안 된다. 니는 빙시라서 아무거나 처무거도 된다. 그라이, 니가 처먹어라"

난 할머니의 말씀을 거역하지 못하고 모조리 다 먹었다. 내 위장은 비위생적인 음식물 쓰레기통이었단 말인가! 그래도 그 환경 속에서도 병에 걸리지 않고 지금까지 버틴 걸 보면 참으로 질기고 질긴 목숨이었다.

몇 해의 기나긴 겨울을 지나 보냈을까, 하늘처럼 보호하

고 지켜야 했던 삼촌의 긴 병으로 인해 아버지의 재산은 하나 둘 자취를 감추고 날이 갈수록 경제는 핍박해지기 시작하였고, 집안에는 점점 더 어두운 그림자가 드리워지게 되었다.

겨울이 가면 봄이 오듯이 삼촌의 병도 호전되어 11개의 갈비뼈를 들어내는 대 수술 끝에 건강을 되찾았다. 건강을 되찾은 삼촌은 새롭게 태어난 자신의 삶에 대하여 감사한 마음으로 부산의 망미동에서 자애원이라는 결핵환자의 요양 시설을 운영하며 본인의 건강도 철저히 지키게 되었다. 그리고 열심히 학문을 닦아서 철학을 연구하여 그쪽으로는 유명인이 되어갔다.

가족이란 울타리

나이가 드신 할아버지와 할머니 그리고 언니와 나는 지낼 곳이 마땅찮아졌다. 하는 수없이 삼촌의 가족이랑 한 울타리에서 살아가게 되었다. 그러나 삼촌 집에서 살게 되었지만 전보다 나아진 것은 아무것도 없었다. 아무 보상 없는 식모살이는 여전히 나의 차지가 되었다. 새벽에 일어나서 고사리 같은 손으로 새벽밥을 짓고 삼촌 가족들을 우선순위로 차려주고 난 후 할아버지 할머니 그리고 언니의 도시락을 담았는데 숙모의 눈치가 보여 언니의 도시락은 보리쌀로 덮여 있어야 했다. 식모가 아닌 식모살이를 하면서 눈치만 늘어 요령이 생겼다. 때로는 언니의 도시락밥에 쌀이라도 조금 들어가면 숙모의 따가운 눈총과 잔소리로 시끄러워지곤 했다. 그러나 팔은 저절로 안으로 굽는다고 행여나 들킬까 봐 가슴 조이며 이것저것 몰래 챙겨 주었다. 아마도 어머니가 계시지 않아 어머니 대신 언니를 챙기려는 애틋한 마음이었나 보다.

사촌 동생들이 유별나게 좋아하는 꼬막을 수시로 삶고 까서 양념을 하여 밥상에 올려야 했던 고사리 같은 작은 손은 거칠고 터서 피가 철철 흐르기도 했다. 맛나고 귀한 반찬은 삼촌네 가족들의 독차지가 되었고 누룽지는 할머니의 몫이 되었다. 그렇게 해야만 우리 가족은 그나마 삼촌네 집에서 살 수 있었다.

꽃 같은 십 대의 사춘기 소녀의 설레는 감정도 접어둔 채 부엌 살림살이가 직업이 된 소녀는 김치 거리, 밑반찬과 청소관리 등 집안 살림에 파묻혀 나란 존재를 생각할 겨를이 없었다.

물론 숙모가 계셨지만 숙모는 시장만 봐다 주고 두 손을 놓아버리니 이 모든 뒷정리는 나의 차지였다. 쇠 절구통에다가 고추 25근을 가루가 될 때까지 빻아대면서 고추가 매워서 울고, 슬퍼서 울고, 죽고 싶어서 울고, 부엌데기가 되어 살아가는 나의 영혼을 고춧가루와 함께 부수고 또 부수어버렸다. 산산이 부서지는 슬픈 내 영혼은 차라리 저 하늘로 날아가 버렸으면 좋겠다는 생각으로…….

초경

해맑은 눈빛으로 하늘을 바라보던 소녀, 아픈 것도 아프지 않은 척 슬퍼도 슬프지 않은 척하면서 보낸 나의 시간은 붉은 장미 한 송이를 들고 나를 찾아왔다.

중학교를 다니던 언니가 학교에 다녀와 가정 시간에 초경에 대해 배웠다고 재잘 재잘 이야기를 했던 적이 있다. 그런데 그것이 어떻게 언니보다 먼저 나에게 찾아왔다. 요즘 세대들은 딸이 첫 생리를 시작하면 꽃을 선물하기도 한다고 한다. 하지만 그 옛날에 어머니도 없는 집안에서 내게 그런 손님이 온다는 것은 너무 불안하고 무서웠다.

과거에는 재래식 화장실에서 똥을 누면 똥물이 톡톡 튀어 오른다. 똥물이 엉덩이에 묻는 게 더럽고 싫어 소변은 하수구에서 보았다. 하루는 하수구에서 소변을 보는데 초경이 나와서 깜짝 놀랐다. 너무 놀란 나머지 언니에게도 말을 못 하고 급한 김에 할아버지 내복 떨어진 것으로 이상한 모양을 만들어 사용하면서 일주일 정도씩 하는 생리를 견뎌야 했었다. 들킬까 봐 조마조마한 심정으로 지나간 것이 3년이란 시간이 흘러버렸다. 붉은 장미의 비밀은 나만의 비밀이 되었고 생리 때마다 할머니 몰래 숨어서 빨고 감추어야 했다.

그러던 어느 날 옆집 아이가 찾아와서 나에게 "그거 있나"라고 당당하게 물으면서 자기는 엄마가 천을 떠서 만들어 주었다고 자랑할 때 어머니가 없는 나는 깊은 상실감에 빠지기도 했다.

어느 따스한 봄날 오랜만에 언니와 정겹게 빨래를 하게

되었다. 언니는 속옷을 삶아야 된다고 나에게 계속 벗어라 해서 어쩔 수 없이 속옷을 벗었고 생리의 흔적이 남아 있는 걸 언니가 보게 되었다. 그래서 그동안 나를 죄여 왔던 마음속비밀을 언니와 함께 공유하게 되어 마음속에 있던 고민거리가 해결되었다. 나의 이야기를 들은 언니는 가재 천을 떠와서 생리대를 3개씩이나 만들어 주며 나에게 엄마 역할을 해주었다.

속옷이든 겉옷이든 낡고 허술한 것만 입고 성장하던 시절이었다. 할머니와 밥을 먹고 있는데 앉아 있는 자세부터 머리에서 발끝까지 간섭하는 잔소리 때문에 자세를 바르게 하려는 모습을 보고 할머니가 무엇인가 발견하고는 난리가 나셨다.

팬티를 너무 오래 입어 낡고 낡아 늘어지다 보니 그동안 감추어 오던 신체적인 특징을 보신 것이다.

"오망구는 일찍 터져서, 털은 나가지고, 빙시 같은 가시나 별거 다 하고 자빠졌네, 이 년의 가스나"

할머니가 할아버지에게 고자질을 하는 모습을 보는 그 순간 나는 이성을 잃어버렸다. 할아버지도 남자인데 내 비밀을 감추고 싶었건만 나의 치부가 들킨 것처럼 얼굴이 붉어지고 숨이 턱, 턱 막혀 올랐다. 이성을 잃어버린 나는 '파라치온' 이란 살충제를 정신없이 마셨다.

운명의 장난이었는지 할아버지가 발견하여 삼촌이 운영하는 자애원으로 이송하여 치료를 받고 며칠 만에 깨어났다. 힘들게 깨어났지만 계속 붉은 물을 토하고, 붉은 변을 싸고, 열흘 만에 완치가 되었지만 아무도 나를 따뜻하게 감싸주지 않았고 삼촌의 호된 꾸중과 남겨진 상처뿐이었다.

타인보다 더 못한 가족관계에 불공평한 것들이 한두 가지가 아니지만, 그들은 나를 가족으로 대하기보다는 그저 벌레 보듯이 바라보았다. 이유 없는 꾸중과 지적으로 몸은 항상 꽁꽁 얼어서 그들에게 한 발자국도 앞으로 다가갈 수 없는 줄 알았다.

하지만 따뜻한 봄은 마음을 걸을 수 있도록 하였다. 추운 겨울만 있는 것은 아니었다. 자살 소동 이후 할머니는 조금 누그러지셨고, 간섭도 덜 하셨다.

슬픈 인생 꽃

사람을 대하는데 방해되는 가장 큰 요소는 편견이라고 한다. 남들도 아니고 내 가족들이 가장 먼저 '병신' 이라는 편견을 가지고 나를 한정시키고 속박하게 만들었기에 나는 그 편견에 가려진 진실을 찾기 위해 무던히도 애를 썼다. 그래서 주면 주는 대로 먹고, 시키면 시키는 대로 하면서도 나름 살아가는 방법을 배우고 있었다.

밥을 하고 반찬을 만들고, 집안일을 도맡아 하면서 알뜰살뜰 아껴 쓰는 버릇들을 몸에 익히고 있었다. 그 버릇은 지금도 나도 모르게 흉내 내고 있다. 반찬을 만들고 그릇에 묻은 양념들을 나는 끝까지 다 활용한다. 비벼 먹든지 아니면 물로 헹구어서 또 다른 양념으로 쓰기도 한다.

벼랑에 핀 꽃이 아름답다. 벼랑 끝에서 아슬아슬하기만

한 나의 삶이지만 그래서 더 아름다웠다고 나는 말한다. 고향 부산을 생각해 보면 숱한 추억들이 슬픈 인생의 꽃이었지만, 지금은 웃으면서 동화책에 나오는 옛날이야기를 읽고 있는 듯하다. 한 걸음 한 걸음 단단한 마음으로 걸을 수 있게 만든 쓰디쓴 이야기들이 달콤함의 소중함도 일깨어 주었다.

한때는 할머니는 가해자, 작은 나는 피해자라는 사실을 분명하게 인정하고 싶었지만 나도 할머니 나이를 따라가는 시간을 살다 보니 할머니도 나 때문에 힘드셨을 것이라는 생각이 문득문득 든다. 돌이켜보면 할머니는 나를 너무 사랑하셨기에 불편한 몸으로 힘든 세상을 살아나가려면 얼마나 많은 장애를 겪어가면서 살아야 할까 하는 그 마음으로 일부러 나를 구박하고 일을 많이 시켜서 강하게 만든 것 같다.

이제는 미움보다는 사랑을 가슴에 담아 살고 싶다. 그래도 아쉬움이 있다면 조금 더 따뜻한 사랑으로 키워 주셨으면 하는 욕심이다. 한이 맺힌 취학통지서를 나의 가슴속에 안겨만 주었어도 살아가면서 불편함 없이 많은 도움이 되었을 텐데…….

어깨너머로 배운 한글이지만 책을 보거나 글을 쓰는 데는 문제가 없다. 그래도 성경을 머리맡에 두고 항상 읽을 수 있다는 그것만으로도 감사하게 생각한다.

우리 집은 식사 시간마다 밥상 차려놓고 온 가족이 밥그릇을 이마에다 올리며 내리는 순간 할머니께서 상공시방불(上供十方佛) 주문을 외우시고 나서야 식사를 하는 규칙이 있다. 할머니께서는 원래 원칙을 정해놓으시고는 흐트러지는 모습 없이 확실한 분이시다. 저녁 시간에는 불경을 다 읽으시고 잠자리에 드신다. 할머니께서 불경을 읽고 계시는데 옆에서 누워 자면 소가 된다고 소리치시기 때문에 언니와 나는 꾸벅꾸벅 졸다가도 벌떡 일어나서 차렷 자세로 다 읽으실 때까지 정신을 차리기도 하였다. 어린 마음에 행여나 죽어서 소가 되는 것이 무섭기도 하였다.

할머니의 확고함이 때로는 힘들기도 하였지만 내 인생을 키우는 쓰디쓴 보약이기도 하였다.

또 다른 이야기책

아버지의 복잡한 결혼생활은 우리 자매에게 가정과 가족의 소중함을 송두리째 앗아가 버린 것 같다. 어머니는 고된 시집살이를 견디지 못하고 집을 나가버렸고, 세 번째 결혼한 아내는 술장사를 한다고 집을 나가버려서 그들이 낳은 1남 2녀는 우리들의 힘든 몫이 되었다. 이런 아버지는 여복인지 여난 인지 알 수 없지만 네 번째 아내가 집에 들어오는 일이 또 생겼다.

가족이 늘어나면서 대 식구를 거두어야 했기에 힘은 들었지만 네 번째 어머니가 집으로 들어오면서 잠시나마 그동안 누리지 못한 어머니의 사랑 같은 것을 받게 되었다.

"숙자야 너를 지켜줄게"

계모 자식들 보다 유난히도 나를 예뻐해 주시는 새어머니 덕분에 다른 세상을 사는 것 같았다. 사랑이라는 보상이 있었기에 집안일을 해도 힘들지 않았고, 갑자기 생긴 세 명의 동생들도 불쌍하게 여겨져 씻기고 챙겨 먹여주고 했다. 나를 챙겨주는 사람이 있어서 좋았고, 내가 챙겨 줄 수 있는 동생들이 있어서 좋았다. 목발을 새것으로 챙겨주시는 새어머니는 어느 양장점에 심부름꾼이 필요하다고 해서 기술을 배우라고 알선해 주시고 직접 데리고 갔다. 그러나 기쁨도 잠시 심부름꾼이 필요하긴 한데 몸이 불편한 사람은 안 된다고 거절을 하였다. 왜 모든 사람들은 보이는 것만 보는 걸까? 그래도 잠시나마 집에서 탈출을 하는 기분은 썩 좋았다.

용기를 불어 넣어 주고 관심을 받을 수 있다는 것은 면접에서 떨어져도 사랑받는 느낌이었다. 어쩌면 동정심이었는지 모르지만 진정한 모습으로 나를 대하는 것 같아서 행복했다.

설거지하고 나면 20원의 거금이 들어오고, 틈틈이 모아서 부산 거제리 동궁극장 영화관까지 진출하여 종종 문화생활을 하면서 살맛나는 세상의 맛도 느끼게 되었다. (삼류극장)⇨영화 필름이 닳고 닳아서 상영 도중에 불이 꺼지면 어떤 여자들은 그 자리에 앉아 바닥에 오줌을 싸기도 하여 바닥이 흥건하게 젖기도 하였다. 휘파람 부는 사람, 난리도 아니었지만 지금 돌이켜보면 가슴 뭉클한 추억이다. 그때 본 영화 중에는 '떠날 때는 말없이' 이윤복 선생님의 '저 하늘에도 슬픔이' 등이 기억에 남는다.

신나게 즐기다가 집에 돌아올 때는 할머니의 역정이 두려워 저만큼 앞서가는 걱정이 어깨 위에 한 보따리다. 행여나 들킬까 봐, 뒷간에 철사로 엮인 개구멍으로 살금살금 기어들어오는 모습은 영락없는 도둑고양이나 다름없었다.

그나마 새어머니와 가족들과 다복하게 살던 시절도 3년이란 시간으로 끝을 맺었다. 즐거웠던 새어머니와의 3년 동안은 너무 짧았다. 할머니의 지독한 구박으로 그분 역시 인연은 거기까지였다. 그분은 참 많은 사랑과 추억을 만들어 주고 여러 가지 행복을 전달하는 천사였다.

세 번째 계모가 데리고 나타났던 그 아이들에게 사랑 주고, 정 주고, 친동생처럼 돌봐주었다.

언니와 나는 아버지를 빼앗기고 조부모 손에 버려질 때 그들은 사랑받고, 공부하고, 누릴 것 다 누리며 살다가 계모의 부재로 아이들의 아픔을 달래주고 있었다. 양달과 응달은 그림자 차이로 수시로 바뀌듯 나는 양달이라고 착각하고 응달에 있는 아이들을 따뜻한 마음으로 어루만져 주고 있을 때, 계모는 고맙다는 말 한마디 없이 동생들을 데리고 돌아가 버렸다. 떠나고 나서는 거의 접촉은 없었다. 서운하기도 했고, 허전하기도 했다.

하늘 아래 홀로 앉아

집안에서 키우던 메리도 집 주인을 챙기는 데, 하물며 사람이란 동물들이 하는 행위는 비인간적이다. 하루에 한 번씩 메리에게 변을 보고 오라고 풀어준다. 자유를 주면 어디론가 마을을 누비고 다니다 돌아올 때면 무엇인가 꼭 입에 물고 돌아온다.

우리 집 근처에 미군 부대가 있는데 그곳에서 가져오는지 우유가 굳어버린 고체 덩어리를 물고 오면 그것을 받아다가 먹는 것이 언니와 나에게 큰 기쁨이다. 망치를 가지고 쾅 쾅 깨어서 맛을 즐기곤 했다. 훌륭한 개, 우리 메리 덕분에 즐거웠던 순간도 많았다.

그러나 즐거움은 밀물 썰물처럼 왔다 갔다 한다. 감정의 기복이 심한 할머니의 감정에 의해 나의 기쁨도 잠시 사라져 버린다. 메리가 낳은 12마리 새끼들, 그중에 막내둥이가 안쓰럽기도 하고 예쁘고 귀여워서 입맞춤을 했는데 할머니가 언제 보셨는지 난리가 났다.

"더러운 가시나, 화냥년, 잡년처럼 강생이에다 입을 맞추고 지랄이고. 오망에 미친년이다."

유난히도 더운 여름날 삼촌과 우리 가족들은 송도 해수욕장으로 해수욕 간다고 왁자지껄, 음식 장만과 많은 준비에 분주하였다. 나는 은근히 기대했었는데 아무도 같이 가자는 말이 없었다. 모래사장을 걸을 수 없기에 걸림돌이라는 것은 알지만 너무 섭섭했다. 음식 하나 남겨 두지 않고 가족이란 그들은 바닷가로 사라졌다. 부엌 앞에서 하루 종일 굶주림과 서러움에 얼마나 슬펐는지…, 오로지 하늘 아래 난 혼자였다.

해 질 녘 하나둘씩 들어오면서 찬합에 남겨진 찌꺼기를 던져준다. 눈물과 함께 먹으면서 배고픔을 해결했다. 그리고 그 그릇들을 설거지하면서 나 자신이 한없이 미웠다. 왜 나는 미운 장애인가?

더디게 흘러간 시간은 하루가 너무나 길었던 기억이 나를 그 시절 그 시간으로 다시 끌어들인다. 차라리 다른 곳이 불편하면, 가족들에게 이런 푸대접은 받지 않을 것인데, 걷지 못하는 이상 나의 다리가 너무 미워서 죽고 싶다는 생각까지 했었다. 나를 낳아 준 부모님까지 용서가 되지 않았다. 엄마의 부재 때문에 수많은 사소한 일들, 누구에게 보상받는단 말인가? 흉한 다리는 너무나 무거운 짐이었다. 긴 슬픔으로 혼자 아득해지면 나는 요술지팡이처럼 요술을 부려서 건강한 다리를 찾는 꿈속 여행을 수시로 떠났다.

참외

일주일에 두 번씩 찾아오시는 복지사 선생님께서 집으로 방문을 오셨다. 어제 병원 다녀오는 길에 문득 참외가 먹고 싶어서 사다가 냉장고에 넣어둔 참외를 깎아서 대접했다. 제철 참외가 보물처럼 귀하던 시절, 달콤한 참외의 그 맛을 잊을 수가 없다.

참외가 나올 때쯤이면, 유난히도 참외를 좋아하셨던 나의 할머니에 대한 또 다른 기억들이 머릿속에서 잠자고 있다가 되살아난다.

할머니가 참외 하나를 야무지게 반으로 자르신다. 그다

음은 숟가락으로 싹싹 긁어서 드시면서도 참외 속 한 점 볼 수 없을 정도로 껍데기를 얇게 만드시는 기술을 보여 주셨다. 껍질이 얇고 얇아서 잡은 손가락이 거울처럼 비칠 정도다. 참외를 다 드시고 나면 껍데기를 던져 주신다. 언니랑 둘이서 그걸 서로 먹으려고 눈 흘기며, 몸 부딪히던 생각을 하면 한없는 서글픔이 되살아난다.

오늘은 할머니를 닮아서인지 유난히 참외를 좋아하는 내 모습을 보면서 피식 웃음을 머금어본다. 지금은 누구의 눈치도 보지 않고, 마음 편하게 참외를 깎아서 예쁜 접시에 담아서 참외의 향기와 달콤함을 느끼면서 그 옛날의 추억을 먹어본다.

한 여름 7~8월이 되면, 할머니께서 드신 참외들이 위장, 소장, 대장, 결장, 직장을 통하여 대변으로 배출되어 재래식 변소에 저장되어 밭에 거름으로 퍼 올리면, 지금은 상상도 할 수 없는 한몫을 한다.

똥에서 나온 참외 씨앗이지만 밭에 참외가 한 줄로 줄이어 자라서 결실이 맺어지면 그때는 언니와 나에게 맛을 볼 수 있는 기회가 된다. 작은 개구리참외가 준 달콤했던 행복, 그 맛을 잊을 수 없다. 이제는 느낄 수도 없다. 나는 해마다 이맘때가 되면 참외를 즐겨 먹는다. 그 달콤함과 함께 옛 추억을 먹는 것이다.

슬픈 추억의 이야기

텃밭에 찾아온 새로운 그들로
버려진 어린 새싹들
진흙 속에서 고개 숙이며
사랑이란 굶주림이 준 선물

늘 따라다니는 그림자는
빛을 쳐다볼 수 없었다.
험난하고 고단했던
몸도 마음도 피눈물로 검게 물들고
내 안에서 나를 지키는 외톨이
복잡했던 가족들과의 관계
인연이라 하기엔 상처투성이 밭

첫걸음 시작을
발 대신 손바닥에
언니 낡은 고무신에 의지하여
뒤뚱뒤뚱 꿈틀 거리며
기어 다니는 법을 배우고
여기저기 서러움에 부딪히며
작은 아이는 혼자서 울고 있었다.

나는 피해자일까 가해자일까?
그들에게 내 자리를 빼앗기고
텅 빈자리를 묵묵히 지키고 있었다.

소중한 것들, 그것들을
영원히 찾을 수 없는
인생길에 묻혀 버렸다.

살아온 기적들
내 마음 사이사이 가시들이 박혀서
지워지지 않는 살아있는 기억들
상처 난 나의 가슴을 나의 시가
따뜻한 사랑으로 보듬어 줄 수 있기를 바란다.

한 밤의 음악편지

모든 일이 끝나고 나의 창으로 별빛이 찾아들어오면 나는 라디오를 켠다. 매일매일 나의 마음을 위로해 주는 유일한 라디오가 있다.

클래식, 팝송을 틀어주는 '한 밤의 음악편지' 심야방송은 하루 동안 가사 일을 마치고 듣는 낙이었고 피로회복제였다.

철학을 공부하시는 삼촌은 할머니를 닮아서인지 이런 일 저런 일 사소한 것까지 간섭을 다하여 나는 심신이 지칠 때가 많았다. 그래서 라디오 방송은 더더욱 마음을 붙일 수 있는 소중한 것이었다.

1970년 초에 청색, 백색, 전화기가 처음 나왔을 때다. 부산 기독교 방송국에서 하는 음악 프로그램에 신청을 했는데 전화가 혼선이 되어 어떤 남자와 통화를 하게 되었다. 그것이 인연이 되어 전화번호를 주고받다가 잠시 잠깐이지만 처음으로 연애란 감정이 솟아났다.

몇 달이 지난 후 그쪽에서 만나자는 제의가 왔다. 남자는 해운대에 있는 어느 양복점에서 재단사로 근무하고 있다고 하였다. 나는 미리 자격지심이 들어 몸이 불편한 내 모습이 들킬까 봐 몹시 불안한 나는 만날 수 없다는 통보를 했는데 이유를 물었다.

소아마비라서 걸을 수 없다고 했는데도 불구하고 남자는 자전거를 타고 와 우리 집 근처를 염탐하고는 결혼을 하자고 프러포즈를 하였다. 몹시 쿵쿵거리는 가슴을 잡고 언니에게 고민을 털어놓았다. 언니는 나를 걱정하여 먼저 만나봐야겠다면서 연락처를 달라고 하였다. 연락처를 받아서 먼저 보고 온 후에 그 남자가 마음에 든다고 하여 어른들에게도 말을 잘해주었다.

입만 여시면 험한 소리와 나에 대한 비판을 달고 사시는 할머니는 또 난리가 났다.

"오망에 미쳤데이. 빙시가 들어앉아서 오만 지랄을 다 하네"

할머니는 거친 말을 하였지만 고모는 "숙자가 맘에 들면 집에라도 한번 와서 차라도 한잔하고 가라 해라" 언니에게 말을 했다. 며칠 후 삼촌과 숙모가 자리를 비운 틈을 타 집으로 찾아온 남자에게 고모는 말했다. "우리 야는 부모가 있어도 없는 거 하고 똑같고 아무것도 없는 빈 털털이인데 몸만 데리고 갈려거든 허락하겠심데이"

"예, 알겠심더"

남자는 정중하게 인사를 하고 돌아갔지만 그날 이후로 연락을 완전히 끊어버렸다. 내가 전화를 하면 항상 반갑게 전화를 받던 그 사람은 더 이상 전화를 받지 않았고 다른 사람이 받아서 그의 부재를 알려주었다. 그것을 마지막으로 짧은 우리의 인연은 해프닝으로 끝이 나버렸다.

제2의 인생길

전주 이 씨인 외조부는 학문이 깊은 선비로 풍요로운 생활을 하셨기에 우리 어머니는 유복한 집안에서 자랐지만 외할머니의 가출로 인하여 외할아버지께서 손수 키우셨다. 그러나 갑작스러운 병으로 외할아버지가 돌아가시자 어린 나이에 갑자기 아버지를 여의게 되어 갈 곳이 없어진 어머니는 재가해서 살고 있는 외할머니께 맡겨지게 되었다. 어머니 역시 불행한 삶을 살았다고 한다. 딸은 어머니를 닮는다 하더니 나도 결국 어머니 인생을 닮은 듯하다.

어머니와 아버지가 다른 막내 이모가 있다. 이모는 가난한 살림으로 힘든 생활고를 겪다 이곳저곳을 다니며 직업을 전전하다 경기도 동두천 미군부대 근처에서 일을 하게 되었고 그곳에서 미군부대에 근무하는 미군을 만나 결혼을 하게 되었다. 국제결혼을 한 이모는 이모부가 미군부대에서 근무하다가 본국으로 들어갔다. 미국에서 한동안 살던 이모 부부는 다시 한국으로 나와 대구 봉덕동에 있는 미군

부대에서 근무하게 되었다. 그러던 어느 날 언니는 이모 집에 놀러 갔다가 언니를 보고 자신의 일을 도와달라고 하는 이모의 부탁을 받고 흔쾌히 승낙하였다. 이모는 어릴 적 학교를 많이 다니지 못해 글이 짧은 관계로 관공서 일이나 여러 업무를 보는데 불편을 느껴 언니를 채용하게 되었다. 언니는 이모 일을 도와주면서 몇 년을 보내다 이모의 노력으로 미국으로 이민을 가게 되었고 그곳에서 살게 되었다. 그렇게 싫어하던 한국을 떠난 언니는 아픈 동생이 마음에 걸렸는지 또 씨가 다른 둘째 이모에게 나를 부탁했다.

그때 그 당시 편물기계가 붐을 일으키고 있을 때였기에 나에게 다리가 불편하니 앉아서 일을 할 수 있는 편물을 배워보라고 하면서 160.000원으로 기계를 구입해서 편물 하는 옆집에 나를 맡기고 우리는 영원한 이별을 하게 되었다.

어머니와 언니 그리고 나는 처음으로 꿈에 그리던 가족을 만났지만 아무런 도움이 되지 않았다. 오히려 어색하기만 했다. 어머니는 대구, 언니는 미국, 나는 부산에서 각자의 길을 묵묵히 걸어가고 있었다. 나는 둘째 이모 집에 남는 방 하나를 얻어 생활을 하게 되었다. 처음으로 할머니 곁을 떠나 독립적인 생활이기에 다소 불편한 점이 있었지만 마음만은 너무 편했다.

새벽부터 밤늦게까지 아기 옷, 바지 등 아주 기초적인 것부터 시작하여 편물이란 기술을 배우고 익히면서 제2의 인생길을 걷고 있었다.

정말 열악한 환경이었지만, 할머니에게 받은 구박보다는 더 행복한 조건이다 수없이 생각하며 참고 적응했다. 작은 방 안에서 꼼짝도 안 하고 하루 종일 노동을 하면 25,000원 정도 월급이 손에 쥐어진다. 연탄 30장, 방세 6000원, 쌀 8000원, 각종 세금 그리고 삼양 칼국수 30개들이 한 박스를 사가지고 쪼개고 쪼개서 한 달을 버텨야 했다. 칼국수는 하루에 한 개씩 끓여 먹어야만 한 달 계산이 된다. 그래서 두 개는 금물이었고, 연탄은 아껴서 때야 하니까 펄펄 끓는 방은 생각조차 할 수 없어 불구멍을 꼭 막아놓으니 방은 냉골이고 참으로 추웠다. 방 안에서 꼼짝 않고 손으로 작업하는 편물은 중노동이었다.

그렇게 열심히 살았던 3년의 대가는 동상으로 왔다. 손가락 마디마디에 피가 철철 흐르고 통증이 심했다. 주인이 보다 못해 안타까워하며 좀 쉬라고 휴가를 주었다.

할아버지가 동상에 걸린 손을 치료하기 위해 가져온 마늘 껍질을 솥에 팔팔 끓여서 그 물에 손발을 담그고 민간요법으로 치료를 했지만 결국에는 여기저기 흉터들이 삶의 흔적으로 남아있다.

모든 것이 힘들었지만 언니가 쓰다가 남기고 간 흑백텔레비전은 비록 고물이기는 해도 나에게 유일한 낙이 되었다. 여러 프로 중 가장 기억에 남는 것은 1976년 캐나다 몬트리올에서 열린 제21회 올림픽 때 한국 선수가 해방 후 처음으로 획득한 금메달의 영웅인 레슬링 선수 양정모를 향해 응원을 하는 일이 나의 위안이고 희망이 되었다. 양정모 선수를 바라보며 얼마나 피나는 노력을 하였으면 저렇게 성공을 할까? 하는 생각으로 양정모 선수와 나의 성공을 비교하니 내가 이루고자 노력해 왔던 일들은 그저 공허한

메아리에 불과했다.

다리가 불편하여 걸을 수 없는 나로서는 그를 닮은 삶을 직접적으로 살 수 있는 방법이 없었기에 스포츠 영웅 양정모를 통해 간접적으로나마 자신을 응원하고 위로하며 버텨왔는데도 내 삶은 늘 제자리걸음을 걷고 있다. 땀 흘리며 피나는 노력을 쏟아부었던 편물에 관한 열정도 시들해져 가고 모든 것이 무의미해지고 있었다. 그나마 부모님 대신 나를 지켜보고 계셨던 할아버지의 사랑이 때로는 힘이 되곤 하였지만 잠시 잠깐이었다. 한 달에 한 번씩은 정기적으로 찾아오시는 할아버지에게 가끔씩 짬뽕으로 대접해 드리고 많은 금액은 아니지만 2000원이란 마음을 드렸다. 다행인 일은 부모님 같은 할아버지의 마음으로 나의 체온이 따뜻해졌다. 그리고 어렵사리 키워 주신 친 할머니와 외할머니에게 밤을 뜬 눈으로 세워가며 스웨터나 티셔츠를 짜서 입혀 드리기도 하고 가끔씩은 나를 낳아주신 어머니에게도 마음을 표현하기도 했다. 용서와 화합의 마음이었으리라 생각한다.

힘든 시절을 보내고 있을 때 외할머니는 내가 살고 있는 바로 옆집에 있는 이모 집에 오시면 본인 스스로 직접 밥을 해서 드실 때도 나에게는 밥 한 그릇을 주지 않는다. 그것이 서러웠는지 어머니가 보고 싶었고 어머니 냄새가 그리웠다.

외할머니는 대구에 있는 어머니 집에도 가끔 가서 밥도 해먹고, 의붓 남동생들 돌봐주었는데 어느 날 외할머니는 너희 어머니랑 같이 사는 것이 어떻겠냐고 제안을 하였기에 나는 고민도 하지 않고, 무작정 결정을 했다. 얼마나 힘들고 외롭고 혼자 살아가는 것이 무서웠으면 또 다른 길을 선택했을까? 나는 부산에서 지나온 묵은 추억들을 이렇게 접어버렸다.

부산에서 고속버스에 몸을 싣고 큰 희망을 품은 채 갓난아기 때 잃어버린 어머니의 사랑을 찾아 대구란 곳으로 제3의 인생길을 떠났다.

또 다른 삶의 터전

어린 시절 어머니가 그리우면 밤하늘에 반짝이던 별을 헤어 보면서 어머니를 그리워했다.

그러나 그토록 그리워하던 어머니에 대한 마음과 사랑을 찾아서 대구로 왔지만 모든 일들은 내가 원하던 대로 하나도 이루어지지 않았다.

젖먹이를 버리고 간 어머니이지만 질기고 질긴 인연의 지푸라기라도 잡는 심정으로 찾아왔지만 어머니는 두 아들을 거느린 가장으로 힘겨운 생활을 하고 계셨다.

재혼을 한 남편은 30년을 살다가 환갑 날, 아침을 먹고 새 옷으로 갈아입고 잠을 자고 있었다. 점심시간이 되어 깨웠지만 그는 영원히 돌아오지 못하였다. 남편이 죽고 난 후 가난과 평탄하지 못한 생활을 이어오다 이제 겨우 자리를 잡기 위해 칠성시장에서 야채를 다듬어 팔면서 일수놀이를 겸업으로 하여 두 아들을 책임지면서 살아가는 그 자체도

버거운데 부산에서 올라온 불구자식 딸까지 혹 덩어리로 붙어왔으니 나에게 짜증을 밥 먹듯이 냈다. 이런 모습은 내가 어릴 적 그렇게도 그리워하던 고운 모습이 아니었다. 젊은 날의 어머니는 온데간데없고 무뚝뚝한 표정과 거친 목소리로 변해 있었다. 하지만 어머니의 입장에서 보면 세 식구도 살아가기 힘든데 장애인이란 걸림돌이 하나 더 생겨 불타오르는 화병을 못 견뎌 수시로 가슴을 쓸어내리며 고통스러워하는 모습에 나는 더 괴로웠다.

중학생, 고등학생인 남동생들 보기에도 나 자신이 부끄러웠고, 그들과 비교하는 어머니가 더 미워졌다. 여기를 가도, 저기를 가도, 고달픈 나의 자리는 변함없이 언제나 길거리를 서성이는 방랑자였다.

역시나 이곳에도 내가 설자리는 부엌일뿐이었다. 마치 집안일은 나를 기다렸다는 듯이 수많은 일거리들이 반갑게 맞이하고 있었다. 그러나 집안일이라는 것이 아무리 일을 해도 표시 없는 자리임을 나는 너무나도 잘 알지만 그래도 최선을 다하여 어머니의 귀한 아들들에게 밥을 해먹이면서 학교에 입고 다니는 교복도 깨끗하게 빨아서 다림질까지 하여 학교에 보내는 뒷바라지와 어머니의 내조까지 마다않고 해야만 했다. 갈 곳이 없기에 몸이 아파도 마음이 아파도 나 자신은 없었다. 무조건 받아들여야만 했다. 그러나 어머니의 억척스러움과 나날이 거칠어져가는 모습에 나는 늘 불안하고 초조했다. 눈길만 부딪혀도 찬바람의 세찬 기운이 전달되었다.

“내가 고무신 거꾸로 신고 나왔는지가 언제인데 지금 와서 암적 존재인 니하고 왜 살아야 되는지 원망스럽데이"라고 짜증을 내며 사사건건 시비를 걸며 애먼 탓을 해대는 나는 화풀이 대상이었다. 집에서 귀하게 여기는 자식은 남들도 귀하게 여기는 법인데 어머니의 잦은 구박을 보신 옆방 아주머니는 "숙자야, 너거 친엄마 맞나? 혹시 계모 아이가"

의문스럽게 물어보면서 측은하게 여겼다.

어머니는 장사를 마치고, 수금을 해서 저녁에 들어오시면 그날의 일당과 이자로 들어온 현금을 새기가 바빴다. 비록 일자무식이지만 돈 계산 하나만큼은 척척 박사나 다를 바 없었다.

돈 냄새를 맡으며 어머니가 돈을 세고 난 후에 내가 세어보고 마지막으로 남동생이 확인하고 나면 삼백만 원, 오백만 원, 뭉치에다가 표를 하여 궤짝에다 돈을 넣은 후에 빈틈없이 자물쇠로 철저하게 잠근다. 비록 내 것은 아니지만 저녁마다 돈 세어보는 즐거움도 괜찮았다.

그럭저럭 며칠 동안은 잔잔한 호수처럼 조용하다가 갑자기 시장에서 스트레스 받은 일이 생기면 몸도 성치 않는 나에게 윽박지르고 소리친다. "기 나가라 나는 너거 집구석에서 나왔는데 이제 와서 왜 나를 찾아와서 애 먹이노"라고 소리를 지르며 성질을 부리기는 일쑤고 안절부절 불안해하다가 구구절절 본인 신세 한탄에 가슴을 치다가 먹는 청심원은 거의 매일 달고 살았다. 물에 기름 돌듯이 겉도는 내 인생을 포기하고 싶었지만 갈 곳이 없는 나는 살아야만 했다. 목구멍이 포도청이라 무조건 잘못했다 빌다가 어떤 날은 목발을 짚고 신작로에 나와서 지나가는 차를 바라보며 뛰어들고 싶은, 나쁜 생각을 하고 있었는데 큰 남동생이 부축해서 데리고 갔다. 차에 뛰어 들어가려는 모습을 본 남동생이 어머니께 말씀드렸는지 한동안은 조용하게 지내게 되었다.

나의 무의미한 일상생활은 갈 곳이 없어 여기저기 기웃거려 보지만 뾰족한 방법은 찾을 수 없었다. 언제 어느 때 터질지 모르는 불안 속에서도 어머니를 의지하며 살아가기 위해서 기계 다루듯이 하루도 쉴 틈 없이 몸을 돌렸다.

따뜻한 봄이 오면 매일 30단 정도의 파를 가져와서 다듬으라고 한다. 어두운 골방에서 파를 다듬으면 얼마나 매운지 때로는 인생이 매워서 때로는 서러워서 수시로 울었다. 날마다 울면서 다듬은 파를 깨끗하게 씻어 놓으면 어머니는 아침마다 칠성 시장에 가서 팔았다.

그때 어머니는 파나 마늘을 까면 한 달 용돈은 준다고 약속을 했지만 한 달 동안 손톱이 해지도록 파를 다듬어 판 대가로 소머리를 반 마리 사서 가족끼리 보약으로 삶아 먹는 것이 나의 월급이었다.

계절이 바뀌어 가을 되면, 도라지를 한가득 던져 준다. 도라지~도라지~ 백도라지~ 심신 산천에 백도라지~ 나는 노래를 흥얼거리면서 도라지를 깐다. 손이 아프고 다리도 저리지만 어머니가 내준 숙제를 열심히 하는 수밖에 없는 말 잘 듣는 아이가 되어간다.

김장철 되면 마늘 까기 작업으로 마늘냄새와 손끝이 아

리기도 한다. 비록 아무 보상 없는 육체적인 노동과 정신적인 고통으로 힘들지만 내가 깐 마늘과 파로 장사를 하여 가족들의 생계를 이어가니 그걸로 피곤을 잊을 수 있었다.

그러던 어느 날 너무 지치고 대가 없는 날들에 화가 치밀어 올라 부산에 있는 고모 집으로 갔다. 오랜만에 찾아온 나를 고모는 반겨주어서 며칠을 편안하게 보냈지만 마냥 먹고 놀 수만은 없어 소일거리로 집안일을 찾아 조금씩 하면서 보냈지만 왠지 마음이 편하지 않았다. 물론 고모는 나를 편하게 해주려고 애를 썼지만 머리가 굵은 내가 마냥 먹고 놀면서 있으려고 하니 나 스스로 눈치가 보여 고모 집을 나오고 싶었다. 하지만 무작정 그곳을 나오면 또 갈 곳이 없다. 반겨줄 가족도 없고, 걱정하는 가족도 없기에 하는 수없이 돌아가기 싫지만 갈 곳이라고는 어머니 집, 그곳뿐이었다.

무거운 몸과 마음을 이끌고 어머니를 찾아가니 이사하고 없었다. 참으로 막막했다. 나에게는 한마디의 말도 없이 어떻게 당신 딸인데 몸도 성치 않은 딸을 이렇게 버릴 수 있단 말인가? 서러움에 눈물이 차올라 앞이 보이지 않았다. 그래도 이 세상에 내 한 몸 뉠 곳이 없으니 어머니를 찾아야만 했기에 목발을 짚고 온갖 힘을 다하여 여기저기 수소문하여 찾은 하숙집에 목발을 딛는 순간 “기 나간 년이 뭣하러 다시 기 왔노” 하는 갖은 욕설과 독설을 다 들으면서도 잘못했다고 빌고 빌어 또 정착을 했다.

통증

어느 해 겨울 정월 대보름날이다. 나는 찰밥을 맛있게 만들어 가족들과 식사를 끝내고 설거지를 마친 후 부엌을 정리하고 방으로 들어오는 순간에 또 다른 고통을 맞이하고 만다.

집 안의 구조가 울퉁불퉁하고 굴곡진 곳도 많아 몸이 불편한 내가 일을 하기에 난관이 많았다. 게다가 부뚜막은 왜 그리 높은지, 미닫이문을 열고 들어가려는데 "앗 뜨거워" 한순간이었다. 그 당시 유행하던 월남치마를 입고 있었는데 솥단지 귀에 치마가 걸렸다. 뒤를 돌아보는 순간 펄펄 끓고 있던 뜨거운 물이 다리로 쏟아져 살이 다 익어버렸다. 너무 화끈거리고 고통스러워 부끄러운 줄도 모르고 소리 내어서 엉엉 울었다. 재수 없다고 야단치시는 어머니는 피가 철철 넘쳐흘렀지만 응급 처치로 소주 한 병을 살 집 떨어진 곳에 들이부어 주었다. 옆방에 살던 이웃들이 놀라서 뛰어나와 치마를 걷어 올려보고는 살집이 다 떨어져 나가서 병원에 데리고 가야 된다고 하자 "야 이 더러운 년들아 남의 일에 간섭하지 말고 니 똥구녕이나 닦아라" 소리소리 지르니 모두들 줄행랑치듯이 도망을 간다.

매일매일 죽도록 아픈 화상의 상처를 안고 눈물을 삼키면서 시간을 보내고 있었다. 너무 극심한 통증으로 견디다 못해 약이라도 사서 바르고자 미국에 있는 언니에게 편지를 써서 보냈다. 그때는 편지가 가는데도 시간이 많이 걸렸지만 방법이 없었다. 언니의 답장을 기다리는 동안 상처는 점점 심해졌지만 오로지 나의 구세주는 언니뿐이었다. 얼마가 지났을까? 드디어 언니에게서 약 값을 하라고 10불을 보내왔다. 우리나라 돈으로 환산하면 이만 원 정도를 보내주었다. 어머니한테 은행에 가서 돈을 좀 찾아 달라고 부탁하였으나 일하는 시간 다 빼앗겼다고 투덜대시며 "이것도 돈이라고" 하며 던져준다.

미국에서 건너온 그 돈으로 약을 사서 정성스럽게 발랐지만 화상의 깊은 상처는 좀처럼 아물지 않았다. 살점이 다 떨어져서 새살이 돋아날 때까지 꼬박 일 년이 넘게 걸렸다. 그 몸으로도 남동생들 도시락 싸서 챙겨주고 빨래해서 입히고 돌봐주었지만 나의 가족들은 화상으로 남긴 나의 상처에 대하여 남의 일처럼 뒷전이었다. 언니가 보내준 돈 말고는 돈 구경을 할 수 없어서 약을 넉넉하게 쓰지도 못했다.

소아마비 장애를 달고 살아가는 그 다리에 깊숙이 박힌 상처들은 나의 가슴앓이다. 의지할 곳이라곤 한 사람, 언니에게 편지를 한 번 더 써서 보냈는데, 2만 원 정도의 돈이 한 번 더 왔지만 시간 없는데 못 찾아 준다고 불평하던 어머니가 돈을 찾아오셨다.

"한 보따리도 아니고 이것도 돈이라고, 다시는 돈 부쳐 달라는 말 하지 마라" 이 말을 듣는 순간부터 언니에게는 더 이상 돈 부탁은 하지 않았다.

그해 여름 미국에서 언니가 나왔다. 부산에서 친구들과 놀다가 대구로 온 언니는 가족들에게 환영받았다. 큰 캐리어 가방에서 나온 선물들은 주인을 다 찾아가고 언니가 쓰던 옷가지와 화장품 찌꺼기 몇 개가 나의 선물인 셈이다.

뒷전에서 목을 빼고 기다리며 괜찮은 것 하나쯤 기대했었는데 그것은 과한 욕심이었다. 때마침 하숙집 주인아주머니가 미국에서 나온 언니에게 중매를 한다.

언니는 단호하게 거절하면서 "우리 숙자나 데리고 가던지" 한마디 던졌다.

옆에서 듣고 계시는 어머니께서 "왝"하고 정색을 하신다. 그 의미는 무슨 뜻이 담겨 있는지 알 수 있었다. 그러나 말이 씨가 된다더니 언니의 그 말은 불행의 씨앗이 되어 나에게로 왔다.

언니는 말의 씨앗을 뿌려놓고 미국으로 떠나 버렸다. 자기 인생만을 위한 길인 것 같았다.

때로는 자유를 마음껏 누릴 수 있는 언니가 마냥 부럽기도 했다. 하지만 내가 올려다볼 수 없는 나무란 걸 너무나 잘 알고 있기에 슬프기도 하였다.

인연

하숙집 아주머니는 성당에 열심히 다니시는 분으로 자상하신 성격에 나름 멋쟁이셨다. 나도 성당에 다니고 싶다고 말씀드렸더니 성당에 같이 가자고 하여 대현동에 자리 잡고 있는 대현성당에 첫 발을 디딘 후 6개월 동안 난생처음으로 종교에 관한 교리 공부를 하게 되었다.

신앙생활을 할 수 있다는 그 자체가 행복이었다.

우연치 않게 언니와 청혼 이야기가 오고 간 그 사람, 그 남자는 남자 반에서 나는 여자 반에서 교리 공부를 하면서 서로의 인연이 되었다고나 할까? 같은 하숙집에서 살고 있는 그 사람은 군대 제대 후 딱히 갈 곳 없이 길거리를 방황하던 중 하숙집 큰아들과 우연한 만남으로 공사장에 나가서 전기도 만져주고 자녀들 등교 시켜주고 집안 구석구석 필요한 일을 찾아서 도와주고 숙식제공을 받았다. 그 사람 역시 부모님을 일찍 여의고 고아나 다름없는 처지로 나보다 2살 연하인 그는 친절하게 보였으며 종교 활동도 열심히 하는 것처럼 보였다.

새로운 삶을 살기 위해 열심히 기도하는 모습이 나의 처지하고 비슷하게 보여서 호감이 갔다.

함께 성당을 가고 대구 시내 구석구석을 구경시켜주고 다리가 불편한 나에게 따뜻한 마음씨로 다가와 서로 마음을 주고받는 사이가 되었다.

시내 중앙로도 난생처음 가보았다. 동성로에 갈 때나 한일극장에 갈 때도 목발을 짚고 동행해주며 구경을 시켜주어 새로운 세계를 살아가는 듯 하루하루 정을 나누고 깊어지는 사이로 발전하였다. 더러는 신천 시장에 가서 좋아하는 회도 사주며 행복을 주었고 어머니께 포장까지 해서 가져다드리는 그 남자에게 내 마음을 점점 빼앗기게 되었다.

어느 날 성당으로 가기 전 같이 만났는데 빵집으로 가자고 한다. 빵과 우유를 시켜 놓고는 서성이는 행동과 시계를 자꾸 쳐다보는 모습이 한눈에 들어온다. 나는 어리둥절하여 무슨 일 있느냐고 물었다. 사실은 사촌 형님 소개로 선을 본 여자가 있는 데 오늘 두 번째 만나자는 제의를 받았다고 한다. 그러나 본인은 마음이 통 안 간다고 하며 이런 저런 고민을 이야기해 주었다. 그 여자는 혼수품도 다 장만해오고 돈도 조금 있고 다 괜찮은데 그녀의 종교가 썩 마음에 들지 않아서 포기한다고 했다.

그의 말을 들은 나는 지금이라도 괜찮으니 그쪽 건강한 아가씨를 선택하라고 했다. 그러나 그는 결국 나를 선택했다. 분명 그 마음속에는 최종 결정한 이유가 있으리라 믿는다. 그 여자는 우리가 결혼 한 후에도 3년을 기다렸다는 소문이 들렸다.

사실 그 당시 나도 하루에 몇 번씩 어떤 선택을 해야 나를 위한 길인지 갈등하고 있었다. 왜냐하면 지인으로부터 재활원에 가라는 제의를 받았다. 그곳에 가면 기술도 배우고 숙식 제공도 된다는데 결정을 쉽게 내리지 못하고 망설이고 있을 때 마침 그 사람을 만났다.

하숙집 아주머니와 나의 어머니는 기필코 반대를 하였다.

"뭐가 부족해서 빙시 같은 사람하고 결혼을 하느냐"

말려도 꺾이지 않는 그 열정을 보면서 재활원 보다 그 사람에게 더 기울어졌다. 그 사람은 어느 날 퇴근 후에 대현성당 신부님을 찾아가 사재실에서 무릎을 꿇고 최 양하고 결혼하게 해달라고 애절하게 말씀드렸는데 신부님께서 "최 양은 지금도 불행한데 더 이상 불행하면 안 된다."라고 타이르고 타일러도 막무가내로 좋은 일 한번 해보고 살고 싶다는 그의 맹세가 신부님의 마음을 움직였다. 그래서 신부님께서는 우리 가족들을 불러놓고 오 군이 최 양하고 결혼하여 잘 살아보겠다는 대단한 의지력을 보인다 하셔서 어머니의 승낙을 받아냈다.

어머니는 딸이 결혼을 하는데 그래도 부산에 있는 너의 아버지께 알려야 된다는 결정을 하셨다. 그래서 목발에 의지하여 난생처음으로 어머니와 함께 부산까지 여행을 동행했다.

아버지의 거주지를 여기저기 수소문하여 보니 삼촌의 타일 공장에서 일을 하고 있다고 한다. 그렇게 어렵사리 찾아간 아버지는 초라한 모습으로 공장의 잡부 일을 하고 계셨다.

오래전 어머니와 헤어지고 처음 만나는 광경이다. 두 분은 소 닭 보듯이 쳐다보시며 침묵을 지키고 계셨다. 그러다 첫 마디를 먼저 여시는 어머니는 “버리고 간 자식도 데리고 갈 놈이 있어서 왔네” 하니 “그래”가 전부였다. 사실 우리는 무엇인가 물질적인 것을 기대하고 갔었지만 아무런 대답도 들을 수 없었다.

다시 동대구행 기차를 타고 오면서 어머니의 마음을 헤아릴 수 없었다. 나의 마음이 쓰리고 아팠으니까? 두 가정을 오가며 환영받지 못한 나의 처지가 너무 슬프고 불행했다.

의지할 곳 없는 나의 상처를 그 사람은 보듬어 주리라 생각하며 강물처럼 흘러가듯이 그 사람에게 나의 전부를 맡겼다.

부산을 다녀온 후 어머니는 그 사람에게 아무것도 못해 준다고 몸만 데리고 가라는 말을 수시로 하였다. 그래도 가난이란 굴레를 두려워하지 않고 그 사람이 있어서 나의 인생은 다 해결될 것이라는 어리석은 믿음을 가지게 되었다.

그와 나는 결혼을 하면 분가를 해야 하기에 경남 합천과 부산으로 호적을 떼러 여행 삼아 떠났다. 난생처음으로 남자와 여관에서 하룻밤을 보내게 되었다. 좁은 방에서 남자와 단둘이 있다 보니 가슴은 쉴 새 없이 쿵쿵거리기 시작했다. 그러면서도 마냥 좋은 일만 생길 것 같았다. 그의 눈빛은 고요했지만 그의 심장도 뛰고 있었다. 두 사람의 지나온 세월에 굴곡이 배여 있지만 서로가 보듬어 주리라 생각했다. 밤은 깊어가고 우리의 시간도 깊어 새벽을 향해 갔다. 이튿날 아침 부신 햇살에 눈을 뜨고 여자로 새롭게 태어난 나는 그와 함께 택시를 타고 부산의 자갈치 시장으로 다니며 맛있는 것도 먹고 아름다운 추억을 쌓았다. 우리는 이렇게 영원히 행복할 줄 알았다.

대구로 돌아오니 나의 결혼 소식을 들은 언니가 미국에서 나왔다. 보호자가 없는 나에게 방 얻으라고 일백만 원을 결혼 선물로 주면서 보호자 노릇을 해주는 언니가 참으로 고마웠다.

그 와중에 나의 어머니는 또 머리싸움을 하였다. 어머니 남편의 전처가 낳은 아들, 큰 며느리에게 돈을 빌려주었는데 못 받았다고 앓는 소리를 하는 바람에 언니가 준 돈 일백만 원을 어머니께 드리고 그 집에서 돈만큼 셋방을 시작하였다. 언니와 나는 어머니 말을 받아들이는 착한 양이었다. 평화가 우선순위였다.

그 사람은 자전거를 타고 다니며 이불과 필요한 물건들을 사다 놓았다. 나는 어머니 집에서 내가 입던 헌 옷들을 차곡차곡 챙기면서 행복한 꿈을 꾸고 있었다. 행여나 들킬까 봐 조마조마하며 옷 속에 플라스틱 걸레통을 숨겨 살림을 하나 장만했다.

하숙집 아주머니가 결혼 선물로 전기밥솥을 선물해 주신 것도 큰 보탬이 되었다.

썰렁한 신혼집에 짐들을 가져다 놓았는데 낮에 어머니께서 다녀가신 후 옷 보따리가 헝클어져 있었다. 어머니의 살림살이에서 가져온 플라스틱 걸레통이 사라져버렸다.

그 사건으로 어머니와 나는 한동안 어색한 관계가 이어졌지만 더 이상 거론하는 일은 없었다. 돌이켜보면 그것이 금덩어리도 아니고 살림에 얼마나 보탬이 될 것이라고 욕심을 부렸을까? 하는 생각에, 피식 웃음을 머금어 보며 옛 생각들로 사색에 잠겨본다.

결혼

결혼만 하면 모든 것이 해결되고 행복만이 나를 기다리고 있을 줄 알았다. 아버지에게는 결국 축복받지 못한 체 새로운 인생길을 도전하게 된다. 2살 연하인 남편을 믿고 하늘이 맺어 준 인연이 되어 새 출발을 하게 되었다. 결혼식 날 새벽에 일어나 보니 밤새 눈이 내려 결혼식을 축복해

주는 것처럼 새하얀 마음으로 행복을 꿈꾸게 해 주었다.

언니의 제안으로 목욕을 하고, 처음으로 신부화장을 하였다. 올림머리에 손톱 정리까지 선물해 주는 세상에 하나밖에 없는 부모님 같은 언니 덕택에 예쁜 신부가 되었다.

1980년 12월 24일 크리스마스이브 날 성탄 미사가 끝난 후 아름답게 꾸며진 성당에서 오후 1시에 신부님의 주례사로 많은 축하객과 가까운 가족과 친척들에게 환영받으며 결혼식을 올렸다. 서로 사랑하고 죽을 때까지 변치 않겠다고 기도드리고 맹세했던 그날이었다.

태어나서 처음으로 한복과 올림머리로 나의 몸을 장식하고 성숙한 28세의 여자이자 한 남자의 아내가 되었다.

결혼식을 마치기는 했으나 친척들에게 식사 한 끼 대접 못하고 성당에서 그냥 헤어지는 아쉬움에 돌아가시는 분들에게 너무 죄송스러웠다. 결혼식을 마치고 어머니가 계신 집으로 돌아오니 잔칫집 분위기가 썰렁했다. 어머니는 입버릇처럼 아무것도 없다 하더니 정말 몸으로 때웠다. 그때 신랑 친구들이 집으로 모여 들어오니 언니가 당황하여 칠성시장 가서 돼지머리며 술과 안주를 장만해 주어서 체면치레는 하였다. 얼마 되지 않는 축의금은 어머니 손에 들어가서 끝까지 나오지 않았다.

늦은 밤 설레는 마음으로 방에 들어가니 썰렁한 냉골이 피부로 닿았다. 연탄보일러가 고장이 나서 이불을 겹겹이 깔아 두었지만 얼음장 같은 차가운 냉기 때문에 있을 수가 없었다. 갈 곳은 없고 서로를 의지하는 마음으로 성당에 갔다. 신부님께서 축복해 주시고, 미사 올리고 다시 찾아온 신혼집은 차가운 냉기로 우리를 기다리는 듯 맞이하는 것 같은 묘한 기분이 들었다. 그때부터 불길한 예감이 들었다. 여자 팔자 뒤웅박 같다는 속담이 있다.

어떤 남자를 만나느냐에 따라 인생이 달라진다는 중요한 이야기가 있듯이 내가 아무리 노력해도 이미 주워 담을 수 없었다. 신혼 생활은 잠시 따뜻하고 정겨울 때도 있었지만 맑은 하늘이 검은 먹구름으로 돌변하는 인간의 운명치고는 너무 심한 장난 같았다.

첫 아이의 출생

나는 주일마다 성당에 열심히 다니고 행복을 위해 기도하며 하루하루를 버티며 살아가고 있었다. 어느 날 기도 중에 마리아님이 하얀 보자기에 아기를 싸서 나에게 안겨 주는 것이었다.

꿈을 꾸고 있는 것 같았다. 하지만 성모님이 나에게 주시는 큰 선물이자 현실이었다.

그러나 아기의 잉태에 기쁘지도 않았고 어디서부터 어떻게 해야 할지 정답도 없었지만 이를 악물고 살아가야 하는 이유가 생긴 것이다.

결혼 3개월 만에 임신이 된 것이다. 동네 어르신들이 신랑은 고자다 그래서 불구자하고 결혼했다는 소문이 무성할 때 그 소문을 덮어 주는 이유가 찾아왔지만 마땅한 직업이 없는 남편은 친구들 집에 놀러 다니기도 하다 가뭄에 콩 나듯이 공사장에 가서 전기 좀 만져 주고 몇 푼 벌어 오는 게 고작이었다. 하지만 그 돈으로 집안 살림을 꾸려나가기에는 어려움이 하나 둘이 아니었다. 쌀이 떨어져서 배가 너무 고팠다. 마침 주인집 아주머니께서 나의 사정을 알기라도 하듯이 불러주었다. 종종 밥을 얻어먹어가며 하루하루를 무사히 잘 넘겼다. 주인집은 늘 사람들이 북적북적거렸다. 음식을 만들어서 손님들에게 접대를 하면 가끔씩 나에게까지 음식들이 돌아온다. 뱃속의 아이와 함께 허기를 채우는데 많은 도움을 주셨던 주인아주머니의 고마움을 잊을 수 없다. 이런 환경 속에서도 뱃속의 아이는 잘 자라주고 있었다.

임신 소식을 알려도 남편은 무관심하여 하는 수 없이 보호자로 어머니와 함께 산부인과를 갔다. 뱃속에 있는 태아는 건강하지만 산모의 다리가 장애이다 보니 골반이 좁아서 수술해야 한다는 진단이 내려졌다. 끼니도 제대로 해결 못하고 허다하게 굶는 날이 더 많은데 눈앞이 캄캄하였다. 무슨 돈으로 어떻게 살아야 되는지 한숨으로 배를 채우며 궁리 끝에 지푸라기라도 잡는 심정으로 언니한테 편지를 써서 도움을 청했더니 10불 정도의 돈을 보내주었다.

큰 방 아주머니께 은행 볼일을 부탁드려서 난생처음으로 아기를 위하여 칼슘제도 사서 섭취하고 식량도 해결하고 나름 뱃속에 자라고 있는 한 생명을 위한 노력을 하며 인내심을 키우고 있었다.

남편에게 예비군 훈련이 나왔지만 차비가 없어서 훈련을 갈 수 없다고 어디 가서 차비 좀 빌려 올 수 없냐고 물어왔다. 나는 참담한 심정으로 목발을 짚고 부엌문을 나오는데, 세상에 이런 일이 있나, 마당에 거금 일만 원이 눈에 들어왔다. 이건 분명 하나님이 나에게 도움을 주려고 보내주신 돈이라고 생각하였으나 큰 죄지은 사람처럼 잽싸게 주웠다.

쿵쿵거리는 가슴은 뒷전이고 예비군 훈련을 받을 수 있다는 큰 문제가 해결된 것이다. 아마 낮에 주인집에 찾아오신 손님 중에 흘린 것으로 짐작은 되지만 주인에게 돌려주지 않고 살기 위하여 숨겨야만 했다. 그 돈으로 예비군 훈련을 무사하게 마칠 수 있어서 천만다행이었다.

남편은 날마다 일은 하러 나가지 않고 집안에 틀어박혀서 나를 괴롭힌다. 임신한 나에게 담배꽁초를 주워 오라고 하여 "돈 없어 담배 못 사면 끊어라"고 하였더니, 바로 욕설과 함께 부엌에 들어와서 배를 발길로 차버리는 등 행패는 나날이 점점 심해져만 갔다. 그 순간에도 살기 위해 목발을 짚고 골목길을 서성이며 남의 눈을 피해 가며 사람들이 피우고 버린 담배꽁초들을 줍고 또 주어서 한가득 모아서 가져다주면 나보다 주워온 담배에 관심을 더 가진다.

담배꽁초를 하나하나 일일이 까서 한 개의 모양을 만들어 담배를 피우며 성취감을 맛보는 행동을 하는 그 사람과 살아야 하는 희망이 보이지 않았다. 뱃속의 아기를 지워 버리고 싶다는 생각을 수없이 했다. 그러나 어렵고도 힘든 일이었다. 쉽지 않은 일이었다. 저마다 다들 열심히 살기 위해 발버둥치고 바쁜 나날들인데 나태한 모습과 무의미하게 살아가며 통 아무것도 하지 않고 아무것도 할 수 없는 사람, 아주 쉽게 살아가는 방식으로 길 들여지는 사람으로 변해 가고 있었다.

하루는 아무 이유 없이 부엌에 나와서 정리 정돈이 안 되어 있다며 그릇을 던지고 나를 발길로 걷어 차버렸다. 배속의 아기는 유산이라도 되라고 마음속으로 생각했는데도 떨어지지 않고 아기는 엄마와 함께 붙어있었다.

나는 도저히 자신이 없었다. 뱃속에서 불안감을 먹고 자라고 있는 아이를 포기하고 끝내자고, 산부인과 가서 낙태수술을 하자고 말을 하였다. 그러자 그는 무릎을 꿇고, 손바닥으로 싹싹 빌면서 다시는 그러지 않겠다는 말이 진심처럼 들려 기회를 주었다. 싸늘하게 변해버린 내 마음을 돌려놓는 그의 속임수에 넘어갔다. 정말이지 다시는 그러지 않을 줄 알았다. 하지만 계속 반복적인 일이다. 남편은 연극을 하는 듯 용서를 빌고 나는 또 속아주고 하다 이렇게 저렇게 세월은 나의 생각과 반대로 마구 흘러가고 있었다.

뱃속의 아이는 천덕꾸러기인 처지를 알았는지 특별히 먹고 싶은 것도 없이 건강하게 잘 자라주고 있었다. 갑자기 어머니도 보고 싶고 무가 너무 먹고 싶었다. 힘없이 축 늘어진 모습으로 어머니를 찾아가서 "엄마 무가 먹고 싶어" 어린아이처럼 처음으로 어리광을 부려보았다.

"그게 무엇이라고" 단숨에 달려가서 엄청 큰 무를 사 주어서 정말 맛있고 배부르게 먹었다. 나에게 상처만 주는 어머니였지만 무 하나로 나를 아낌없이 지원해 주는 내 편이 있다는 사실이 너무 행복했다.

시장에 계시는 어머니 친구 분들은 따뜻한 봄날 꽃구경 하듯이 나를 찾아와 임신한 나에게 참 잘 했다고 칭찬하시며 “신랑이 고자가 아니구나” 하면서 한바탕 웃기도 하였다.

제왕 절개를 해야 한다는 소식을 들은 언니가 또 일백만 원이라는 커다란 돈을 보냈다. 남편에게는 비밀로 하고 큰 방 아주머니께 돈을 찾아달라고 은행 업무를 부탁하였다. 그리고 그 돈을 꼭꼭 숨겨 두었다.

배는 짐짐 불러져 산달이 다가왔다. 남편은 아빠라는 자신의 자리를 알고 있는지 한숨을 쉬면서 메모지에 무언가를 쓰고 있다. 글귀를 보니 배냇저고리, 기저귀, 아기용품들, 병원비 등을 쓰고 있었다. 그 모습을 보다 마음이 약해진 나는 그의 고민을 조금이라도 덜어 주기 위하여 미국에서 언니가 아이 낳는데 쓰라고 돈을 보내왔다고 당당하게 이야기를 했다. 그 이야기를 듣는 순간에 그는 갑자기 돌변하여 돈을 어떻게 찾았느냐고 물었다. 큰 방 아주머니께 찾아달라고 부탁했다 하니 또 말이 거칠어지기 시작했다. 세 살 버릇 여든까지 간다더니 좀처럼 고쳐지지 않았다. 희망은 찾을 수 없었다.

우리 집과 수돗가가 너무 멀었다. 수도는 마당 끝에 있는데 늘 한 손에는 목발을 짚고 한 손에는 물이 담긴 그릇을 들고 오다가 마당에 툭, 엎어졌다. 하지만 행복인지 불행인지 뱃속의 아이는 괜찮았다. 다리는 약하고 힘은 없고 임신 7,8개월까지 몇 번씩 넘어졌다.

내가 선택한 그 사람은 나에게 늘 눈물과 아픔을 주었지만 나에게 찾아온 뱃속의 아이에게 웃음과 행복을 주고 싶었다. 그래서 끼니도 굶어가며 살아서 숨 쉬고 있다가 어떻게 되겠지 하는 배짱으로 열 달을 잘 버터 냈다. 엄마가 되기 위해 무조건 참아야만 되는 줄 알았다.

어쩌면 뱃속의 아이는 나의 분신이자 내 미래를 향한 꿈의 전부가 되어있었다.

언니가 보내준 돈으로 아기 용품이라고 하기에는 비록 보잘것없이 빈약한 선물이지만 준비가 되어 있어서 천만다행이다. 그나마 위안이 되었다.

유난히도 추운 겨울날 배가 살살 아프고 팬티에 핏물이 비치었다. 남편은 그 광경을 보고도 무조건 "참아 봐라, 어차피 일요일이라 병원 가도 안 되니까 내일 병원에 문 열 때까지 기다리 봐라"라고 한마디 던지고 밖으로 행하니 나가 버렸다. 그래도 아기를 낳고 나면 남편 밥을 차려 줄 수 없을 것 같아 그 몸으로 남편 먹을 김치를 담그고 밑반찬 몇 가지를 장만하여 아내에 대한 도리를 다하고 나니 드디어 양수가 터졌다. 팬티를 열 개 정도 적시고, 아기한테 쓸 기저귀까지 사용을 해야만 했다.

늦은 밤이 되어서야 같은 성당에 다니는 대부님을 모시고 왔지만, 자동차가 검사 중이라고 하면서 배가 아파서 이리저리 뒹굴고, 양수까지 터져서 고통스러워하는 나를 보고도 아랑곳 않고 코를 드르릉 골면서 잠을 자고 있었다.

통금이 있어서 꼼짝을 할 수가 없었던 나는 진통으로 몸부림치다가 통금 해지가 될 새벽 4시쯤 잠든 남편을 깨워서 택시를 타고 파티마 병원 응급실로 갔다.

담당 선생님께서 야단을 치셨다. 응급 상황이면 바로 오라 했는데 양수가 터져서 위험 수준이 넘었다고 바로 수술을 하였다.

1981년 11월 16일 씩씩하고 건강한 아이의 울음소리는 최고의 선물이었다. 엄마 뱃속에서 터진 양수를 먹지 않으려고 얼마나 몸부림쳤을까? 스트레스를 얼마나 받았을까? 어리석고 미숙한 엄마 때문에 얼마나 힘들었을까? 한 생명이란 존재에 대하여 부족한 엄마지만, 엄마 자리를 꼭 지켜주고 싶었다. 이제는 슬픔보다도 기쁨을 더 가까이하여 사랑을 듬뿍 주며 키우리라 다짐하며 성숙한 엄마가 되었다.

3.6kg의 사내아이가 태어났다. 남편은 좋아서 단숨에 달려가서 칠성시장에서 장사하는 어머니를 모시고 왔다. 어머니와 남편은 신생아실로 가서 아들을 바라보면서 장군감이라고 속삭이는 목소리와 어깨를 으쓱거리는 남편을 바라본다. 나는 어머니 손을 처음으로 꼭 잡고 소리 내어 얼마나 울었는지 모른다. 서러움도 밀려오고 엄마가 되었다는 기쁨과 걱정들이 가슴 한구석에 자리 잡고 있었다. 흘러내리는 눈물과 두려움도 잠시 접어두고 아기를 사랑과 정성으로 키우면 된다는 생각으로 아이를 보면서 행복해했다. 장애인인 내가 세상에 그 어떤 것보다 고귀한 보물을 얻었기에 남편도 부모의 역할을 잘하여 자상하고 부드러운 아빠로 변화되는 모습을 기대했다. 왜냐하면, 새로운 가족

이 생겼기 때문이다.

언니가 보내준 돈은 출산비로 쓰고 남은 돈으로는 친구들에게 득남 소식을 알리며 한턱내고 다닌다는 남편 소식을 들었다. 그런데 이게 대체 무슨 일인가? 다른 병동에서 환자복을 입고 눈앞에 나타났다. 상상할 수 없는 모습이었다. 난 너무 의아하여 도대체 어찌 된 일이냐고 물어보았다. 이유인즉 집에 남겨진 밥을 김치와 함께 이것저것 넣어서 삶아 먹었는데 식중독에 걸렸다고 한다. 겨울에 때 아닌 식중독이 웬 말인가? 느닷없이 세 식구가 함께 병원에 입원해 있는 모습이 연출되었다. 그러다 보니 세 식구가 병원에서 함께 퇴원을 해야 하는데 병원비가 문제였다. 그런데 때마침 어머니가 병원비 30만 원을 주면서 말씀하신다.

"결혼할 때 아무것도 못해 주어서 서운했지? 산후조리는 우리 집에 와서 해라. 미역국 한 솥 끓여 놓았다."

그동안 어머니에게 섭섭하게 가졌던 온갖 생각들이 주마등처럼 스쳐 지나가지만 어머니의 마음을 읽게 되었다. 서운한 점도 많았지만 그래도 핏줄은 속일 수 없구나. 어머니는 나를 자신의 딸로 여기면서 아이를 가진 같은 여자로서 이해하고 대접해 주었다. 또 이런 어머니가 한없이 고맙고 따스했다.

약자와 강자

어머니는 아침에 장사 나가시면서 미역국을 한 솥 끓여 놓고 저녁 늦게 들어와서는 아기 목욕을 시켜 주었다. 여태껏 보지 못한 어머니의 모습에 감동을 받았다. 오랜만에 어머니의 사랑에 젖어서 나날이 행복했다. 그러나 그것조차 오래가지를 못했다. 남편이 친정으로 찾아와 집에 가자고 난리가 났다. 나는 저녁에 어머니 들어오시면 그때 어머니 얼굴이나 보고 가자고 해도 남편은 아랑곳하지 않고 짐을 싸는 바람에 할 수 없이 어머니께 고맙다는 인사도 못하고 나왔다. 남편이 택시를 잡아 택시를 타고 가는데 이상하게 방향이 나르다. 왜 이곳으로 가냐고 물으니 이사를 했다 하여 나를 놀라게 한다. 이게 무슨 소리인가 싶어 자초지종을 물어보니 남편은 의기양양하게 대답한다.

100만 원의 보증금을 받아 80만 원으로 줄여서 수성시장 옆으로 이사를 해 놓았다. 그리고 남은 20만 원을 가지고 쌀을 샀다고 큰소리치는 모습에 실로 어이가 없었다.

모든 일들을 한마디의 의논도 없이 일을 처리해버리는 남편이 야속하지만 힘이 없는 나로서는 달리 방법이 없기에 그저 순종할 수밖에 없었다.

결국 어머니의 산후조리를 다 받지 못하여 회복도 덜 되었지만 스스로 미역국을 끓여먹고 아기 목욕에 빨래까지 누구의 도움도 받지 못하다 보니 아픈 다리로 일을 해야 하니 여간 힘든 게 아니었다. 또 아기가 밤낮이 바뀌어서 팔이 아플 때까지 안고 달래며 잠을 설치다 보니 새벽에서야 잠깐 잠이 들었다. 보약처럼 달콤한 잠을 자고 있는데 부엌에서 전쟁이라도 난 듯 시끄러운 소리가 났다. 남편이 무슨 마음인지 느닷없이 내 생일상이라면서 상을 차려 와서 먹으라고 한다. 정성은 고마우나 잠이 부족하고 피곤해서인지 밥이 모래알 씹듯이 입안에서 뱅글 뱅글 돌면서 안 넘어간다. 그 모습을 보던 남편은 자신의 성의를 개 무시한다고 갑자기 숟가락을 던졌다. 날아온 숟가락에 입술을 맞아 입가에는 피가 철철 흐르고 있는데 때마침 손님이 찾아왔다. 같은 성당에 다니는 대부님이 오셔서 그 상황을 보고는 남편을 데리고 나갔다. 입술에 흐르는 피를 닦고 잠든 아이의 얼굴을 바라보니 눈물이 저절로 흐른다. 나의 겨울은 도대체 왜 이리 어둡고 추울까? 내가 태어난 날도 겨울, 결혼식을 하는 날도 겨울, 아기가 태어난 날도 겨울이다. 겨울은 나와 무슨 관계일까? 아무래도 전생에 겨울 왕국에서 죄를 많이 지어서 이렇게 혹독한 벌을 받고 있는 것인가? 나의 봄은 언제 오려나….

많고 많은 사연들과 함께 세월도 흘러 아이는 백일을 맞이했다. 어머니가 준비해 주신 백설기와 수수떡으로 백일상을 차렸다. 건강하고 씩씩하게 자라게 해 달라고 이 세상 모든 어머니와 같은 마음으로 기도했다. 무럭무럭 자라는 아이를 바라보고 있으면 보물을 가진 듯 기쁨으로 충만했다. 그게 살아가는 낙이었고 희망이었다.

길을 잃다

아이에게만 얽매여 있다가 보니 밖에 나가는 일은 꿈도 꿀 수 없는 처지다. 씻을 수도 없고 해서 하루는 남편에게 목욕을 좀 갈 수 있게 도와달라고 간절하게 부탁을 하였다. 남편은 기꺼이 허락을 했다. 목욕을 갔다가 오려면 시간이 좀 걸릴 것 같아서 아기에게 젖을 배부르게 먹여 놓고 가야 했기에 아기를 안고 양껏 젖을 먹여 재워두었다. 그리고 목욕통을 들고 나서려는데 남편이 자신의 오토바이로 동네 목욕탕까지 태워다 준다고 한다.

아이를 낳고 한 달 만에 간 목욕이지만 아기의 울음소리가 귓전에 계속 맴돌아서 정신없이 씻고 나왔다. 엄마는 어쩔 수 없나 보다. 잠시 이렇게 나와 있어도 아기의 울음소리에 아무것도 못 하겠는데 아기를 버리고 가는 엄마의 심정은 천 갈래 만 갈래 찢어질 거라는 생각을 하니 어릴 적 젖먹이를 두고 간 우리 어머니도 그랬을까? 하는 생각이 든다. 역시 자식을 낳아봐야 부모의 마음을 안다는 것이 맞는 말이다. 그래서 아무리 부모가 모자라도 나를 있게 해준 것만으로도 고마움을 알아야 한다는 것을 새삼 깨우친다.

목욕을 마치고 머리도 못 말리고 뛰쳐나왔다. 그런데 우리 집 가는 방향을 잃어버렸다.

평상시에도 동네를 다니지 않고 집안에만 틀어박혀 있어서 길을 익혀 두지 않아 돌고 돌아도 도무지 집을 찾을 수가 없었다. 목발을 짚고 목욕 바구니를 들고 한두 시간을 정신 나간 사람처럼 길을 헤매고 있는데 어디선가 본 듯한 낯익은 이웃집 아저씨가 퇴근하시는 모습을 발견하고 따라가니 우리 집이 나왔다. 불안한 심정으로 문턱을 밟는 순간 역시 예감은 빗나가지를 않았다. 아이의 양쪽 볼이 홍당무처럼 발갛게 되어 바라보니 손자국이 나 있었다. 목소리는 얼마나 울었는지 다 쉬어버린 목소리에 너무 가슴이 아팠다. 알고 봤더니 아이가 계속 울어서 보리차를 끓여 먹였는데도 울음을 그치지 않아 성질을 이기지 못해 말 못 하는 아이의 볼을 사정없이 때렸다는 것이다. 이제 태어난 지 한 달밖에 안 된 아이에게 손찌검을 한 것이다.

너무 많이 울어서 헐떡이는 아이에게 기영환을 먹여서 잠을 재웠는데도 불구하고 밤새도록 잠이 들지 못하고 보채는 아이를 보면서 가슴이 찢어지는 아픔을 맛보았다. 잠깐 엄마의 자리를 비운 사이 일어난 일로 이런 고통을 아기에게 주었다고 생각하니 심장이 벌렁거려 가슴을 쓸어내린다. 다시는 엄마의 빈자리를 만들지 않으리라고 다짐까지 했었다.

행복과 불행의 교차로

늘 시끄러운 우리 집 보다 더 심한 주인 집 아들의 정신적인 돌발 행동 때문에 또 이사를 해야만 했다. 마침 셋방이 있어서 상동에 있는 성당 부근으로 옮겼다.

점점 기울어져가는 살림은 사글세 10개월이 전 재산이

었다. 살림은 점점 내리막을 달리고 있었다. 남편은 일자리 찾을 생각은커녕 일도 안 하고 해질녘이면 나가서 술고래가 되어서 밤늦게 돌아오는 것으로 반복되는 일상이었다.

경제적으로 너무 힘들어서 도망치고 싶어도 도망칠 수 없는 처지는 참담했다. 끼니를 밥 먹듯이 거르는 처지에 놓이다 보니 지푸라기라도 잡는 심정으로 성당으로 발길을 옮긴다.

신부님께 찾아가 간곡하게 사정 이야기를 했다. 우리 가정의 상황을 알리고 남편 일자리를 부탁드렸다. 부끄러운 줄도 모르고 어디서 그런 용기를 냈는지 모를 일이다. 하지만 살기 위한 몸부림이었다.

신부님은 엘리사벳과 어린 아들을 위하여 내린 결정이라며 연탄 30장, 쌀 20kg, 현금 3만 원씩 6개월을 도움 주셨다. 하늘이 무너져도 솟아날 구멍이 있다 하더니 정말 감사했다. 큰 힘이 되었다. 잊을 수 없는 도움이었다. 그러나 그것도 더 이상은 안 된다고 한다. 젊은 나이로 빈둥거리는 남편 때문에 더 이상은 도울 수 없다는 신부님의 결정이다. 당연한 것으로 받아들였다. 그리고 불편한 몸이지만 아이를 데리고 더 열심히 신앙생활을 했다. 살기 위해 발버둥치고 있는 초라한 나의 모습은 아이가 말을 배우고 방긋 방긋 웃는 모습을 바라보고 있을 때는 세상의 모든 고민이 잠시나마 사라지곤 했다. 상황이 좋아진 것도 아니지만 아이와 함께 있어서 행복하였다.

그러나 행복도 잠시 잠깐 사글세를 내는 열 달도 순식간에 끝이 났다. 주인아주머니께 사정을 부탁드리니 젊은 사람이 매일 놀면 어떻게 하냐고 걱정을 하며 열 달을 더 살 수 있도록 감면해 주었다. 세상에 고마운 사람들이 너무 많았다.

주위에서는 열이면 열 명 다 한마디씩 던졌다. 남편의 나태함은 나에게 동정심으로 다가왔다.

대낮에는 동네 사람들 부끄러워서 못 나가고 있다가 저녁이 되면 나가서 캄캄한 밤이 되어 대문으로 들어오지 못하고 도둑고양이처럼 담 넘어 월장을 하다가 설익은 모과나 감이 마당에 다 떨어졌다. 여러 집이 사는 곳이라 아침이 되어 도둑 들어왔다고 한바탕 난리를 친다.

기죽은 듯이 숨어있는 우리 남편 짓인 줄 아는 주인아주머니는 우리 집만 사용할 수 있도록 작은방 벨을 만들어 주는 배려까지 베푸셨다. 더 이상 염치가 없어서 살 수 없는 상황까지 왔다.

상동 성당에서 불우이웃돕기 성금을 모아서 30만 원이라는 거금으로 버틸 수 있게 도움을 주었다. 이 집 저 집으로 돌아다니면서 밥을 얻어먹었기에 아이의 젖도 먹일 수 있었다.

그럭저럭 아이는 별 탈 없이 잘 자라주어서 첫돌을 맞이하였다. 친정어머니는 백설기와 수수떡에 옷 한 벌과 현금 30만 원까지 주면서 결혼할 때 아무것도 못해 주어서 해준다고 어머니는 강조하였다.

미역국을 끓여서 조촐하게 밥 한 그릇 먹었지만, 남편 친구들과 지인들은 옷이며 변기통이며 반지까지 챙겨주면서 축하해 주었다. 그분들의 고마움이 큰 재산이었다.

"인내는 쓰다 그러나 열매는 달다" 그 열매의 달콤한 맛은 지금도 잊을 수 없다.

공포의 질주

아기가 아장아장 걸음마를 배우고 있을 때 나는 즐겁고 행복했지만 아이는 힘들었나 보다.

"다리 아야, 아야" 하다고 투정을 부렸지만 한 번도 업어주지 못한 내 마음은 송곳으로 후벼 파듯이 아팠다. 가끔씩 동네 아주머니들께서 내 마음과 아이 마음을 읽기라도 하듯이 돌아가면서 업어주곤 하였다. 분명 아이는 좋아하고 있었다.

낮에는 늘 자야 하는 남편은 아이가 재잘 재잘거리면 시끄럽다고 소리 지르고 발길로 차는 것이 보통이었다. 아이가 아빠에게 맞는 것이 싫어 궁여지책으로 물이랑 새우깡 한 봉지를 양식으로 대체하여 집 근처 학교 운동장으로 데리고 나온다. 절뚝거리는 엄마 다리를 만지며 아야, 아야, 한다고 어루만지면서 표현을 하며 아가야 다리도 아야, 한다고 칭얼거리며 꾀를 부리기도 했다. 그 모습을 본 동네아주머니가 자기는 건강하다며 자기 유모차를 한 달이나 빌려주었다. 지팡이 없이 유모차에 의지하여 엄마와 아이는 무척이나 편하고 행복한 학교 운동장 생활을 했다. 한 사람, 한 사람 그분들의 고마움을 내 마음속 깊은 곳에 다시 한 번 더 새겨본다.

남편은 오토바이를 타고 와서 난데없이 아이를 중간에 나를 뒤에 태우고 부르릉 부르릉 달렸다. 교통질서도 안 지키고 가창 골짜기에 내려놓는다. 어릴 적 배꼽 친구들과 함께 모임을 하고 있었다. 서로 서로 인사를 나누고 저마다 가족들 챙기기 바쁜데 그 사람은 무섭게 술만 들이마시더니 금방 술에 만취되어 또 가자고 재촉을 한다. 모두들 말리는데도 아랑곳 않고 고집을 부리다 오토바이에 시동을 걸어놓고 "빨리 타"라고 고래고래 고함을 지른다.

무서움에 질려서 아이를 데리고 뒷걸음쳤지만 소용없었다. 캄캄한 어둠 속에 가족을 실은 오토바이는 10분 정도 정신없이 달리더니 만취한 사람을 거부라도 하듯이 우리 가족은 큰 나무 뒤 길모퉁이에 그대로 뒹굴었다. 끔찍하고 아찔한 순간이었다. 오토바이에서 흘러나오는 기름이 옷가지를 적시고 1시간 정도 정신을 잃고 있었다. 남편은 정신이 드는지 우리를 일으켜 세우고 오토바이 시동을 거는데 한 번, 두 번, 세 번 만에 성공을 하여 또다시 무서운 질주를 한다. 말려도 소용없고 내 말을 무시하며 고집불통이다.

시내버스 사이사이를 헤쳐 나가는 무질서 속에서 우리 가족은 아찔한 순간들을 잘 넘기어 운 좋게 살아남았다. 그것은 기적이었다.

그 공포가 채 가시기도 전에 또 다른 사고를 치는 남편이다. 밖에만 나가면 집에 들어오지 않으려고 떼쓰고 있는 아이를 달래려고 반찬거리로 무를 사로 나가는 데 어김없이 해만 지면 나가는 남편은 아이를 데리고 나간다. 아장, 아장, 걷는 아이는 아빠를 따라 웃으면서 손을 흔들며 바깥나들이를 했다.

잠시나마 혼자 있을 때 몹시 불안했던 마음이 실제 상황이 되어 버린 것이다. 밤늦게 술이 떡이 되어서 아이는 어디에다 버리고 혼자 들어왔다.

"아이는 어디 있나" 물어도 엉뚱한 소리만 하고 대화가 전혀 불가능했다. 어둠을 뚫을세라 절뚝거리며 늦은 걸음으로 정신없이 찾아보지만 아이는 찾을 수 없었다. 뜬 눈으로 밤을 새우고 온통 아이의 울음소리만 귓가에 맴도는데 미칠 것 같았다.

아이를 생각하면서 밤새도록 울어서 온통 눈물로 뒤범벅되어 퉁퉁 부어있는 얼굴을 본 큰 방 아주머니께서 무슨 일이라도 있냐고 물으신다. 여차저차 아이를 잃어버렸다고 이야기를 하니 큰 방 아저씨는 파출소에 신고하시고 큰 방 아주머니랑 동네 분들은 가족처럼 아이를 찾고 다니셨다. 나도 정신 나간 사람으로 돌변하여 정상적인 다리보다 더 빨리 움직이는 것 같았다. 어젯밤에 다녀온 상동 다리까지 왔지만, 아이의 모습은 보이지 않았다. 그때 다리 건너편 저 멀리서 어떤 아저씨가 아이를 안고 걸어오는 모습이 한눈에 들어왔다.

분명 내 새끼였다. 부둥켜안고 얼마나 울었는지 모른다. 신발도 잃어버리고 옷도 엉망이고 얼마나 울면서 헤매었는지 하룻밤 사이에 얼굴이 바싹 야위어 있었다. 어린아이가 얼마나 무섭고 두려웠을까? 더 귀하고 소중하게 키우라고 하나님께서 도와주신 것이다. 아이를 찾아주신 그 아저씨도 똑같은 부모 마음이었을 것이다. 부모의 부족함으로 인하여 어린아이가 겪어야만 하는 것들 모두 엄마의 책임이다. 마음이 너무 아프고 아팠다. 그러나 아빠는 일말의 죄책감도 없었다. 그때 나는 결심하였다. 하늘이 무너져도 내 새끼는 내가 지킨다고 말이다.

사랑의 온도

한창 흑백 TV를 컬러 TV로 바꾸던 시절이었다. 어느 집에서 컬러 TV로 바꾸려고 버리는 흑백텔레비전을 중고로 하나 얻었다. 쓰다가 버린 것이니 오죽하겠냐마는 고물상으로 가기에도 부족한 남루한 흑백 TV이다. 우리는 그것조차도 감지덕지하여 집으로 가져와 애지중지하면서 TV를 시청했지만 잘 나오다가 갑자기 화면이 꺼지기 일쑤라 툭, 치면 나오기도 하는 속된 말로 때려야 말을 듣는 텔레비전 덕분에 우리 가족은 그나마 문화생활이라는 것을 잠시 즐길 수 있었다.

그 당시에 TV 시청료가 700원이었다. 매달 한 번씩 수금을 하는 아저씨가 가가호호 방문을 하여 돈을 거두어 갔다. 그러나 우리는 생활이 너무 어려운 나머지 시청료 700원을 내지 못하여 과태료가 부과되기도 하여 직접 수금 사원이 방문하여 확인을 나오면 텔레비전에다 이불을 덮어놓고 없다고 거짓말을 하기도 했다. 행여나 들킬까 봐 다락방 위에 텔레비전을 감추어 놓고 마음 졸이며 시청했다.

당시에 한창 '간난이' 란 드라마가 붐을 일으키고 있을 때였는데 우리 가족도 빠지지 않고 드라마를 보는 시청자였다. 그날을 기다리며 '간난이'를 시청하는데 툭, 꺼져 버린다. 잘 나오던 TV가 순식간에 꺼져버리니 철없는 아이가 간난이, 간난이 하고 찡찡 거린다. 그때 옆에 있던 아빠는 큰 발길로 아이를 사정없이 차버리는데 아이가 엎어져서 울지도 못하고 있었다. 말릴 틈도 없이 순식간에 일어나는 일이다. 너무 놀란 나는 아이를 뒤집으니 눈동자도 흐리고 입술이 새파랗게 질려서 숨소리가 끊긴 듯 했다.

하나님을 찾으며 등을 두드려가면서 물을 조금씩 먹이니 서서히 입술이 빨갛게 돌아오고 생기가 생겼다. 거의 1시간 동안 가슴이 타들어갔다.

나를 때리고 힘들게 하는 것은 용서가 되었다. 하지만 어린아이에게 너무 큰 고통을 준 그 사람은 죽이고 싶도록 미웠다. 아이에게 사랑의 문을 닫아버린 그의 마음속에는 무엇이 꿈틀대고 있는지 알 수가 없다. 방법이 다르고 분노조절장애자나 다를 바 없는 아버지란 사람과 몸이 불편하다는 이유로 서툰 사랑밖에 줄 수 없는 엄마자리가 한없이 미안한 마음뿐 사랑의 온도를 높여 줄 수 없어 아이의 마음은 차갑게 식어갔다.

누군가의 말이 생각난다. 아이는 엄마의 사랑을 먹고 큰다고 아무리 가난하고 힘들어도 엄마의 따뜻한 사랑만 한 것이 없다고 한다. 앞으로 내 사랑의 온도를 더욱 높여야겠다. 너무 뜨거워 화상을 입을 만큼 뜨거운 사랑을 주리라 다짐해 본다.

사우디 아라비아

남편은 새로운 각오로 신문에 나온 ○○건설에 서류를 냈는데 합격이 되었다. 본사가 서울에 있어서 면접을 가야 하는데 차비가 없다며 장모님한테 빌려 오라고 나의 등을 떠밀어 하는 수없이 어머니에게 갔지만 거절하는 바람에 그냥 집으로 돌아오고는 했다. 그 후 남편은 사촌 누나한테 16만 원을 빌렸다며 서울을 다녀와 사우디아라비아로 떠나게 되었다. 돌이켜 보면 그의 인생에서 가장 모범적인 1년간의 생활이 시작되었다.

1984년 6월 7일 밤 9시경에 집을 떠날 준비를 하는 남편에게 정성스럽게 저녁 밥상을 차려주었다. 먹는 둥 마는 둥 숟가락을 놓고는 간다 온다 말 한마디 없이 휑하니 떠나 버렸다. 때로는 남편의 빈자리가 아쉽기도 하였지만 어린 아들을 데리고 물질적으로 풍부하지 않더라도 마음은 편안하게 알뜰살뜰 살았다. 신앙생활도 열심히 하면서 동네 구멍가게에서 야채를 다듬어 주고 얻어먹으며 생활에 많은 도움이 되었다.

3일이 멀다 하며 구구절절 사우디에서 오는 편지는 새로운 새싹이 싹을 틔우는 소리가 되어 마음속에 들렸다. 남편에게 힘을 실어 주기 위하여 밤새워 답장을 써서 보내주고 받은 편지는 매월 들어오는 월급보다 더 많이 산더미처럼 쌓였다.

조흥은행으로 첫 월급 160,000원이 입금 되었다. 사우디아라비아 가기 전에 사촌 누나한테 빌려간 돈을 누나가 집으로 찾아와서 바로 받아 간다. 쌀도 떨어지고, 생활비가 없어서 힘들다고 나누어 받아 가라고 사정했지만 인정사정없이 매정하게 다 받아 간다. 당장 먹을 것이 없어서 눈앞이 캄캄했다. 창피하고 부끄러웠지만 이웃집 쌀가게 아저씨께 사정을 말씀드리고 부탁을 드렸다.

남편이 사우디아라비아 돈 벌러 갔는데 다음 달에 돈 갚겠다고 하니 쌀 한 포대를 외상으로 주셨다. 반찬은 몽고간장에 거의 비벼 먹고, 야채를 다듬어 주고 얻어서 반찬을 해결하고 거의 잡비를 쓸 수 없었다. 머나 먼 타국에서 고생하는 남편이 안쓰러워서 한 푼 두 푼 아껴 쓰며, 먼 훗날의 행복을 열심히 설계하고 있었다.

그 다음 날에는 27만 원이 왔다. 7만 원으로 방세 밀린 것 갚고 쌀 외상값 등을 정리하고 남은 20만 원은 은행에 난생처음으로 저축이란 것을 하게 되었다. 계속 내리막의 연속이었기에 이제는 오르막을 열심히 올라가 사람답게 살아보고 싶었다. 매일매일 자고 일어나면 하나님께 간절한 기도를 하였다. 지나간 모든 과거는 지우개로 깨끗이 지워 버리고 마음 속에 희망이란 이름표를 달고 하루하루 그 마음을 저축하였다. 다달이 금액도 늘어났다. 40만 원, 42만 원, 연장근무를 열심히 하여 돈을 보내 주는 남편의 고생을 생각하며 한 푼도 낭비하지 않으려고 억척스럽게 살아갔다. 알뜰살뜰 살림을 쥐어짜듯이 아껴 쓰니 금액은 점점 늘어났다. 희망과 꿈이 가까이 다가오고 있었다. 힘이 솟는 에너지가 넘쳐나는 하루하루였다.

초여름, 새벽 4시만 되면 울리는 종소리와 함께 하루를 시작한다.

“새벽종이 울렸네, 새아침이 밝았네,” 그때 그 시절에는 정겨운 노래였다.

아들이 부쩍부쩍 자라나는 느낌을 받았다.

남편이 썼던 예비군 모자를 쓰고 멋진 남자 흉내를 내며 재롱을 떨어 나에게 기쁨을 주기도 하였다. 자식 키우는 엄마 마음에 행복을 심어 주기도 하였다.

동네 사람들이 “어 저놈 봐라” 한 마디씩 던지며 웃기도 하였다.

어느 날 아침에 부엌에서 아침밥을 준비하고 방에 들어오니 아들이 흔적도 없이 사라졌다.

예비군 모자도 함께 사라졌다. 놀라는 가슴을 쥐고 지팡이에 몸을 의지하여 여기저기 다니며 소리쳐 보지만 아들의 모습이 보이지 않았다.

미아실종을 떠올리며 울부짖고 있을 때 먼발치에서 희미한 모습을 드러낸다. 본인의 머리보다 더 큰 예비군 모자를 쓰고 씩씩하게 집을 찾아오는 아들을 보는 순간 놀란 가슴을 내려놓았다.

“새벽종이 울렸네” 쓰레기차를 따라다녔는데 미화원 아저씨께서 빨리 집에 가라고 야단을 쳐서 왔다고 한다. 정말 고마우신 분들 때문에 아들을 품 안에 안을 수 있었다.

쑥 쑥 자라나는 아들을 보면서, 아낌없는 사랑으로 양육하였다. 날이 갈수록 생동감 넘치는 눈망울과 점점 발전하는 아이의 말투가 나를 더 노력하게 만들었다.

추운 겨울 연탄보일러가 고장이 나서 온기도 없고 연탄가스가 차서 혹시나 하는 불안함 때문에 아들을 꼭 껴안고 뜬 눈으로 밤을 지새우고 알뜰하게 아껴 쓰며 살았던 덕분에 통장엔 500만 원이란 거금이 차곡차곡 쌓이게 되었다.

남편의 귀국

1년 만에 남편이 한국으로 돌아온다는 소식이 왔다. 나는 남편이 사우디아라비아에서 돌아오는 날 김포공항으로 마중을 나가고 싶었지만 아무리 생각해도 방법이 없었다. 그래서 성당에서 만난 손 데레사님에게 도움을 청해보았다. 그분은 나에게 여러 가지로 도움을 많이 주는 분이시다. 때로는 밑반찬도 챙겨 수고 타인에게도 항상 따뜻한 배려를 해주는 분이라서 염치없지만 찾아가서 부탁을 드렸다.

“자매님, 남편이 사우디아라비아에서 돌아온다고 연락이 왔는데요. 제가 배웅을 가고 싶지만 김포공항이 초행이라 생소하고 두려운데 동행을 좀 해 주세요.”라고 부탁을 드렸더니 기꺼이 승낙을 하였다.

새벽에 만나서 대구에서 강남 터미널을 거쳐 김포공항까지 아들과 함께 동행해 주었다. 긴 시간을 좁은 차 안에서 있다 보니 아들은 힘이 들어 찡찡거리기도 했지만 아버지 만난다고 달래며 김포공항까지 가는 시간은 힘들지 않았다. 12시쯤 도착하여 전광판을 보니 곧 도착이다.

설레는 마음과 두려운 마음으로 출입구에 눈을 떼지 않고 집중하고 있으니 남편이 한눈에 들어왔다. 앞만 보고 획 나가버리는 남편을 불렀다. 깜짝 놀란 모습으로 우리 가족은 1년 만에 기쁨과 함께 상봉했다. 어떻게 왔느냐고 묻는다. 나는 손 데레사께서 동행해 주셔서 어렵잖게 올 수 있었다고 이야기를 하였다. 남편도 내 말을 듣고 고맙다는 인사를 하고 함께 점심을 드시자고 하였으나 서울에 볼일이 있다고 가버리신다. 정말 고마우신 분 덕분에 남편을 조금이라도 빨리 만날 수 있었다.

오랜만에 만난 우리 가족은 처음으로 서울 구경을 하는 날이 되었다. 아들은 아빠 얼굴을 잊어 먹었는지 와락 달려들지 않고 낯설어했지만 함께 기차를 타고 집으로 오는 기쁨은 말로 다할 수 없었다.

남편은 집에 도착하자마자 통장을 보여줄 것을 요구하여 그동안 모아두었던 통장을 보여주었더니 많이 모았다고 하면서 칭찬을 아끼지 않았다.

큰 방 아주머니께서 돈 버는 사람도 모은 사람도 힘들게 고생했다면서 가창은 땅값이 저렴하니 집이나 땅을 사라고 조언을 해 주었다. 그러나 남편은 아랑곳하지 않고 매일 친구며 지인들 만나 신고식이다 뭐다 하면서 술자리를 만들고 다녔다.

한 집에 아홉 가구가 세 들어 사는 집이라 소문이 자자했다. 사우디아라비아에서 돈을 엄청 벌어 왔는데 불구자인 저 여자와 살겠느냐, 분명 새 인생을 시작할 남자라고 소곤거리는 소리들이 내 귀에까지 전달되었다. 그러다 같은 집에 세 들어 살고 있는 여자의 소개로 만난 아이 셋 딸린 과부와 바람이 들었다.

허구한 날 꾸미고 다니면서 술이 떡이 되도록 마시고 밤 늦게 들어와서는 난데없이 "내 아들은 아빠인 내가 키울 테니 집을 나가라"고 주정을 부렸다.

"무슨 소리 하는데, 내 새끼 놔두고 나는 못 나간다."

"그라마 나가 뒈져라"고 하는 소리를 듣고는 하늘이 무너지는 느낌이 들었다. 내 인생은 여기까지구나! 작대기를 짚고 밖으로 나왔다. 마침 약국이 눈에 들어왔다. 약국 주인은 막 셔터를 내리고 있었다. 나도 모르게 달려가서 쥐약이 필요하다고 달라고 했다. 안된다고 하는데 꼭 필요하다고 애원하듯이 부탁했다. 한참을 고민하다가 믿고 주는 것이라고 하는 약사의 말을 귓전으로 흘리며 집으로 들어왔다.

약을 구입하여 집으로 돌아온 나는 약국에서 사 온 쥐약을 꺼내어 컵에 따르고 서슴없이 남편 보는 앞에서 마지막 길을 선택했다. 쥐약 한 병을 다 들이 마시고 있는데 남편은 "니 무슨 커피 마시면서 헛소리 하노" 그의 말소리가 어렴풋이 들리는 것이 생의 끝인 줄 알았다. 남편은 정신을 잃어버린 나를 확인하고는 큰 방 아주머니에게 위급 상황을 알려 도움을 요청했다고 한다. 큰 방 아주머니는 쌀을 씻어 쌀뜨물을 먹이고 동산병원 응급실로 가서 위세척을 하여 삼 일 만에 깨어났다는 사실을 내게 알려주었다.

눈 앞엔 어렴풋한 그날의 기억과 함께 희미하게 보이는 성당 지인들과 약국 주인이 서 있었다. 모두들 웅성웅성 난리가 났다. 약사는 자기가 사람 죽이는 죄를 지어 감옥살이 할 뻔했다고 하면서 "애기 엄마가 목숨을 그리 쉽게 끊어버리면 저 어린 아이는…" 안타까운 눈길로 동정하였다. 고통스러운 발작을 하면서 독을 빼고 정신을 차렸다. 끈질긴게 목숨이란 것을 실감했다.

큰 방 아주머니께서 지극 정성으로 도움을 주었다. 녹두죽을 끓여 주어서 먹고 기운을 차려 일어났다. 지나간 인연 중 내게 많은 도움을 준 잊을 수 없는 분이다.

여름휴가

몹시도 무더운 여름날이다. 남편은 어디서 구했는지 느닷없이 텐트를 들고 들어왔다. 그러고는 다짜고짜 청도 운문사에 있는 계곡으로 놀러 가자고 한다. 여름휴가라고는 가본 적도 없는 나는 아무런 준비도 없는 상태로 아이를 데리고 버스를 탔다. 왠지 알 수 없는 불안감이 나를 엄습했지만 그래도 휴가라고 온 가족이 놀러 가는데 어두운 표정을 지을 수는 없는 노릇이기에 아이와 함께 억지웃음을 지으며 즐거운 마음으로 가려고 노력했다. 계곡으로 들어가는 길은 어찌 그리 험한지 길은 심하게 울퉁불퉁하여 더운 날씨에 더욱 힘겨웠지만 목발에 의지하여 아들의 손을 꼭 잡고 1시간가량을 걸어갔다. 식은땀이 온몸을 적시고 아이도 힘이 드는지 찡찡거리기 시작하자 남편은 화를 버럭 내면서 계곡에 던져버린다고 협박 아닌 협박을 한다. 물론 더운 날씨에 긴 시간에 버스를 타고 또 걷다 보면 짜증도 나겠지만 더 힘들게 가고 있는 나와 아이를 생각해서라도 조금만 다정하게 대하여주면 얼마나 좋을까 하는 생각을 하였다.

어렵게 도착한 계곡에서 아이는 물을 보고 즐거워하면서 물놀이에 열중이다. 별 준비도 없이 온 피서라 불편한 것이 한 두 개가 아니지만 김치찌개를 끓여 밥도 해 먹으면서 하룻밤을 텐트에서 불편하게 보내고 날이 밝자 갑자기 빗줄기가 쏟아지기 시작하였다. 비에 대하여 아무런 준비가 없던 우리는 속수무책으로 비를 맞으며 몸을 피하기 위해 한바탕 소란을 피우기도 했다. 다행히도 빗물이 계곡을 덮치지 않아 그나마 나머지 시간을 보낼 수 있었다.

오후가 되니 피서객이 몰리기 시작했다. 계곡은 바라만 보아도 운치 있고 높은 곳이었다.

나는 계곡을 바라보고 아이는 물장구를 치면서 즐겁게 놀고 있는데 평화로운 분위를 깨고 갑자기 돌변한 남편은 아들에게 명령을 내린다. 높은 바위에 올라가서 계곡 아래로 뛰어내리라고 하니 아들은 무서워서 발을 동동 구르며 떨고 있는데 남편은 계속해서 뛰어내리라고 큰소리로 윽박지른다. 그 소리에 놀란 피서객이 안쓰러웠던지 물속에서 받으려고 대기하고 있는 모습이 보였다.

그는 정신 나간 사람처럼 아이를 데리고 바위에 올라가더니 준비 없이 그대로 아이를 밀어버리는 모습을 보고 피서객들은 웅성웅성거린다. 결국에는 아버지에게 강제로 떠밀려 계곡 아래로 떨어져 버린 아들은 물속에 빠져 부들부들 떨고 있는데 남편은 아버지 망신시킨다고 아이의 얼굴을 사정없이 때리고 발길로 걷어 차버린다. 누구도 손쓸 수 없는, 걷잡을 수 없는 행동이었다. 이 모습을 보던 피서객들이 남편을 겨우 말려 남편의 폭행은 멈추어졌다. 술에 취해 아이에게 뱉어내는 욕설과 행패를 바라보던 주위의 피서객들이 한 마디씩 던지며 사라진다.

아름다운 계곡과 푸른 숲, 흐르는 맑은 물소리에 고즈넉한 저녁 달빛이 아름다운 계곡이지만 그날의 끔찍한 기억이 남아 있는 청도 운문사는 아들과 나에게 씻을 수 없는 상처를 남긴 곳으로, 뒤돌아보면 가슴 아픈 기억이다. 그날 이후 청도 쪽은 고개도 돌리기 싫은 곳이라고 아들에게 들은 적이 있다.

불행은 꼬리에 꼬리를 물고

일용직 노동으로 전전 긍긍하며 하루하루를 살아가는 하루살이의 인생 이야기가 사람들 사이에 무성한 소문으로 떠돌아 고개조차 제대로 들지 못하고 살아야 했지만 미운 정 고운 정이 들어버린 정든 상동을 남편이 떠나자고 한다. 사우디아라비아에서 힘들게 벌어온 돈은 모두 탕진하고 남은 돈은 전세금으로 남은 150만 원이 전 재산이었다.

새로운 곳으로 이사를 가면 새로운 각오로 열심히 살지 않을까? 하는 기대감으로 남편이 얻어놓은 중동 현대시장 근처 어느 노부부 집에다가 방을 얻었다. 새로 이사한 집주인은 고물장사로 시작하여 승승장구하신 분이라 그런지 작은 것 하나라도 귀하고 소중하게 여기시기에 배울 점이 많은 분이었다. 남편도 좀 보고 배우고 느끼면 좋으련만 그런 쪽으로는 무관심이다.

다섯 살 난 아들은 외할머니가 사 준 세발자전거를 타고 노는 것을 매우 즐겼지만 주인 어르신은 마당 꺼진다고 아이를 야단치면서 마당에서 자전거를 못 타게 하였다. 그래도 철없는 아들은 마당에서 틈만 나면 자전거를 탔고 나는 그 모습에 가슴 졸이면서 주인의 눈치를 살폈다.

어르신은 아이가 노는 시간을 감시라도 하듯이 자전거를 타면 금방 나타나서 마당 꺼진다고 고함을 지르자 남편은 집으로 들어오는 아들의 뒷덜미를 잡고 방바닥에 내 동댕이치며 마구 때렸다. 그러다 보니 때때로 밤에 잠을 못 자고 경기를 한다. 밤마다 경기를 하는 아이의 열 손가락을 수시로 따고 기영환을 먹여가며 억지로 잠을 재우다 보니 수많은 밤을 지새웠다.

날마다 이렇게 지낼 수는 없는 노릇이라 고민 끝에 생각해 낸 것이 우리 집에서 조금 멀긴 해도 아파트 놀이터가 있었다. 내가 불편해도 목발을 짚고 가면 될 것 같아 아들은 자전거를 타고 나는 목발을 짚고 아파트 놀이터에서 자전거를 즐기며 놀 수 있는 공간을 확보했다.

아파트 주민이 아니라서 가끔은 눈을 흘겨보는 이들도 있었지만 신경 쓰지 않았다.

어느 날부터인가 남편은 시장 사람들과 어울리기 시작했다. 생선가게 사장님이랑 코드가 잘 맞는지 친하게 지내면서 더러는 우리 집까지 데려와 술상을 차려 달라기도 하였다.

즐겁게 술을 주거니 받거니 하던 두 사람은 물 좋은 곳에 가자면서 하하거리면 즐겁게 술을 마셨지만 별로 개의치 않았다.

그런데 돈을 30만 원을 들고나가더니 외박을 하고 들어온다. 외박을 하고 들어온 남편은 미안해하기는커녕 팬티를 어디에다 벗어두고 왔는지 본인도 몰라 나에게 팬티를 내놓으라고 난리를 피운다. 아침까지 덜 깬 술 냄새는 온 집안을 가득 채워 내가 술에 취할 지경이다.

엎친 데 덮친 격으로 그 난리 중에 생선 가게 아주머니까지 집으로 찾아와 순진한 사람 꼬드겨 데리고 다니면서 동네 물 흐려 놓는다고 떠드는 소리가 온 동네를 떠들썩하게 만들었다.

도저히 동네 창피해서 얼굴을 들고 다닐 수 없는 지경에 이르러 나는 가방에 옷가지를 챙겨서 아들 손을 잡고 집을 나왔다. 그러나 아무리 생각해도 갈 곳이 없었다. 하는 수 없이 발걸음을 여관 쪽으로 옮겼다. 25,000원짜리 방에 들어가서 아들을 깨끗이 씻기고 먹을 것을 챙겨 먹이고 길고 긴 하룻밤을 낯선 곳에서 뜬 눈으로 지새우고 결론을 내렸다.

아침부터 뜨거운 햇살은 내 속을 펄펄 끓게 했다. 집으로 아이를 데리고 들어오니 이불을 덮어쓰고 자던 남편이 일어난다. 나는 말 할 기운도 없었지만 그이와 그만두고 싶은 마음뿐이라 이제는 정말 끝을 내자고 하니 갑자기 순한 양으로 돌변하여 손이 발이 되도록 빌고 빈다. 이제는 정신 차리고 열심히 살겠다고 또 불쌍한 모습을 한다. 정신이 혼란스러웠지만 달리 방법이 없던 나로서는 아들을 위한 마지막 길이라고 또 속아 주었다. 미움과 용서가 꼬리에 꼬리를 물고 이어가는 인생이다.

이사 가는 날

불구의 여자와 빈둥거리면서 날마다 술에 젖은 남자가 사흘이 멀다 시끄러운 일들을 일으키면서 가난에 벗어나지 않는 모습은 가십거리로 충분했기에 그들은 모이기만 하면 소곤거린다. 결국 그런 소곤거림과 마당 꺼진다고 조심스레 걸음을 걸어라 하는 집 주인 어르신의 등쌀을 이기지 못하고 6개월 만에 방을 얻어서 나와야만 했다.

남편의 수단은 선수 급이었다. 어니를 어떻게 돌아다녔는지 아니면 누구인가의 소개로 그런 곳까지 집을 얻었는지 알 수 없으나 범물동에다 방을 얻었다. 시내에서 많이 떨어진 곳인데 버스를 타고 내려서 시골길을 20분 정도 걸어가니 작은 동네가 예쁜 모습을 드러내었다. 시골길 주위에 나란히 깔려 있는 넓은 들판들이 가슴을 시원하게 해 주었다.

비포장도로를 달려온 버스는 먼지를 한가득 싣고 와서 내려놓으면 먼지는 바람을 따라 어디론가 날아가 버려 마치 버스가 마술을 부린 것처럼 보였다.

노부부가 사는 집인데 방 하나에 전세 80만 원이었다. 남아있는 돈은 이것이 전부이다. 정말 막다른 곳까지 왔다. 조립식 건물 공사가 한창이던 그 시절 공사현장에 다니면서도 생활비는 집에다 한 푼도 주지 않고 매일 술에 젖어서 사는 무책임한 가장 덕분에 생활비가 없어 주인어른에게 돈을 빌려 쌀을 사 먹는 생활의 연속이었다. 이제는 좀 달라지겠지 하고 항상 마음의 문을 열어 놓았지만 그 기회는 좀처럼 오지를 않았다.

그 동네에는 '남묘호랑개교' 를 믿는 신도들이 많이 살고 있었는데 집주인도 그 교를 믿었다.

집주인 어른은 '남묘호랑개교' 라는 종교에 대하여 많은 설명을 하면서 술 마시고 시끄럽게 소란을 피우면 안 된다고 남편에게 충고를 해주었다.

새로 이사를 하면 새사람으로 변할 것이라고 기대를 하며 아침저녁 기도 때나 성당 미사를 드릴 때에도 열심히 그를 위해 기도를 했지만 변하는 것은 없다. 아직 나의 기도가 부족해서일까? 마음을 다지고 또 기도를 드려본다.

"주여, 그가 술을 마시더라도 기쁘게 마시고 행패만은 부리지 않게 해주세요."

그러나 범물동에 정착한지 얼마 되지 않아 또 그의 술 버릇이 도졌다. 술에 깨어있는 날보다 취해 있는 날이 대부분이다 보니 그저 시비를 걸고 안 되면 폭력을 행사한다. 잦은 폭행으로 나의 얼굴은 멍이 가실 날이 없다. 수돗가에서 한 번씩 만나는 주인 할머니는 내 얼굴을 유심히 보시고 놀라신다. "쯧쯧, 이건 아니지" 혀 차시는 소리가 귓가에서 맴돌았다. 다음 날 주인집 어른은 남편을 불러서 조용히 타이르시며 2차 경고를 하신다. 말은 천상유수다. 대답은 그럴싸하게 잘 하지만 사흘이 멀다 하고 일어나는 가정폭력을 보고는 3차 경고까지 하는 위태로운 상황까지 왔다. 반대쪽 멍 자국은 또 생겨서 주인집 어르신들을 피해 다녔는데 무슨 일 있냐며 찾아오셔서 확인까지 하고는 결국 방을 빼라 하신다. 갈 곳도 없는 사람이 쫓겨나야 하는 심정을 당하지 않는 사람은 헤아리지 못할 것이다. 그나마 주인집 포도농사일을 도와드리며 마음을 의지할 수 있는, 부모님처럼 든든한 버팀목이셨는데….

마침 앞집에 방새 밀린 세입자를 보낸다고 방이 나왔다. 같은 성당에 다니시는 자매님 덕분에 갈 곳을 구했다. 농사를 엄청 많이 짓고 사는 부자 집이다. 방을 싸게 얻어서 고마운 마음으로 들에는 가지 못하지만 집안일을 많이 도와드렸다. 나물 다듬어 주는 일과 빨래와 집안일까지 서슴없이 도와주며 친근감도 쌓았는데 내가 야채를 다듬어 주면 주인아주머니는 봉덕시장까지 이동하여 다 팔아야 집에 돌아온다.

처음에는 집안일을 조금씩 도와드렸지만 왠지 날이 갈수록 도와 드릴 일이 늘어났다. 아저씨는 들에 나가셔서 일을 하시고, 아주머니는 농사일을 병행하며 시장에 가서 장사를 하시는 억척스러운 두 사람의 모습을 보면 도와 드릴 수 밖에 없었다. 봄이면 쑥을 뜯어서 한 사람은 쌀을 내고, 한 사람은 수공비를, 한 사람은 콩가루를 준비하여 쑥떡을 나누어 먹는 인정도 있었다. 여름에는 해가 길어 저녁에야 들어오는 주인집 집안 일과 빨랫줄에 널려있는 빨래는 거의 내가 매일 정리해 주었다. 또, 가을이면 떨어지는 나뭇잎을 쓸기 바빠서 분주했고, 겨울에는 유난히도 많이 내리는 하얀 눈을 치우느라 분주했다. 어디를 가나 대가 없는 일들은 나를 기다리고 있는 듯했지만 한집에 살면서 상부상조하는 일은 친밀감이 형성되어 관계가 돈독해졌다.

일거리를 찾아서 수시로 부업까지 하면서 나의 손은 쉴 틈이 없었다. 자동차에 들어가는 부속을 끼워 맞추고, 밤, 마늘까지 까는 일 등, 손으로 하는 일이라면 무엇이든 가리지 않고 손의 힘을 기르며 하루하루를 보내야 했다. 그렇다고 살림살이는 좀처럼 나아지지를 않았다.

입학통지서

아이가 힘겹게 태어나 인형처럼 울어대던 날이 이렇게 지나와 벌써 초등학교에 입학을 한다는 것 자체가 신기하다 성큼 자란 아들의 초등학교 입학통지서를 손에 쥐는 순간 내 눈가에 이슬이 맺혔다. 몸이 불편해 한 번도 업어주지도 못하고 자란 아들이 대견스럽기도 하고 한편으로는 안쓰러웠다.

입학식 날 학교에 가는데 날씨가 시샘이라도 하듯 꽃샘추위가 기성을 부렸다. 초등학교 입학식을 위해 두근거리는 마음으로 한 손에는 목발을 짚고 아들을 앞 세워 걸어가고 있는데 남편이 나타나 나와 아들을 오토바이에 태우고 학교 앞에 툭, 내려주고는 사라져 버린다. 한마디의 말도 없이 사라지는 오토바이에 시선을 두고 한참을 보았다.

목발을 짚고 가는 엄마보다는 건강한 아버지가 아이를 데리고 입학식에 갔으면 하는 생각은 해보지만 부질없는 일이었다. 입학식은 국기에 대한 경례로 시작하여 교장선생님의 말씀을 듣고 각자의 교실로 이동해 담임선생과 인사를 나누며 또래의 친구들과도 서로 얼굴을 익히면서 즐거워한다. 많은 아이들 중에 우리 아들은 학교생활을 잘 적응할 수 있을까? 행복한 걱정 또 하나 늘어났다. 입학식을 마치고 돌아오는 길에 아들과 자장면으로 축하를 하며 내가 마치 초등학교 1학년이 된 듯 설레기도 하였다.

태어나서 처음으로 학교 문턱을 아들과 함께 밟아보는 기분은 참으로 씁쓸했다. 집에서 도보로 20분을 걸어 나가 종점에서 버스를 타고 10분 정도 달리면 아이의 초등학교이다. 아이가 아직 어려서 힘들기는 해도 학교 정문 앞까지 일주일을 아들 손을 잡고 등교했다. 담임선생님께서 불편한 나를 보고는 본인이 잘 보살피겠다고 염려하지 말고 혼자 등교시켜도 된다고 격려를 해 주어서 한시름 덜었다.

열악한 환경에서 지산동까지 버스를 타고 초등학교를 다니는 아들보다 마치 내가 학교 입학을 하는 것처럼 가슴이 벅차오르는 경험을 하였다. 내가 평생 다녀 보지 못한 학교를 아들에게서 대리 만족하고 있었다. 가난과 상관없이 아들을 잘 키워보기 위한 욕심으로 부풀어 오르는 그 자체는 나의 행복 주머니였다. 그 주머니에 행복을 차곡차곡 쌓으리란 희망이 있었다. 철부지 아들이라 걱정투성이지만 생각보다 적응을 잘 하는 효자였다. 가끔씩 정서불안으로 옷에다가 오줌을 싸곤 했지만 담임선생님의 배려로 친구들이 눈치 채지 못하게 정리를 해주었다. 집에서 종종걸음으로 20분 정도 걸어서 버스를 타는 등, 학교 생활은 투정 부리지 않고 성실하게 잘 다녔다.

학교 생활

오곡백과가 익어가는 화창한 날씨에 가을 운동회가 열리는 날 하루 종일 그 누구보다도 행복했다. 운동장에는 만국기가 휘날리고 아이들은 선생님과 함께 반갑게 인사를 하고 신나는 음악에 맞추어 율동으로 몸을 푸는 모습이 여간 귀엽지 않다.

정성껏 준비해 간 도시락과 간식을 운동장 잔디밭에 앉아서 먹기도 하면서 아이들은 신이 나서 운동장을 뛰어다녔다. 운동회는 사다리를 타고 반환점 돌아오기, 색공 네트 위로 넘기기, 줄다리기와 달리기를 했다. 학교생활도 원만하게 하는 아들은 제법이었고 특히 체육은 타고난 것처럼 뛰어났다. 달리기 시합에서 일등을 한 아들의 손등에 1등이라고 찍힌 도장은 그 무엇보다도 고귀하고 소중했다. 상으로 받은 공책을 한아름 안고 와서 친구들에게 나누어 주는 기쁨도 있었다.

마치 잔치 분위기처럼 청 · 백 계주 전은 항상 우승자였다. 공부도 그럭저럭 따라 주었다. 국어, 수학, 체육은 항상 '수'를 놓치지 않았다. 아들은 초등학교 4학년까지 정서불안으로 밤에 잠을 자다가 옷에다 종종 오줌을 싸고 어쩔 줄 몰라서 부들부들 떨고 있는 적도 많았다. 아버지가 알게 될까 봐 나와 함께 쉬쉬하며 비밀을 공유했다. 이불을 빨아

널면 햇살은 소독까지 깔끔하게 처리해 주는 중요한 역할을 해 주어 고마운 햇살이라고 마음속으로 고맙다고 속삭이기도 하며 엄마로 살아가는 길은 나름 행복했다. 잘 살아보기 위하여 노력하며 사는 일은 정말 쉽지만은 않았다. 그렇지만 아들이 있어서 용기를 잃지 않았고 강한 엄마가 되는 것이 최고의 목표치였기에 죽을 힘을 다하여 남의 집 허드레 일들을 하며 내 몸 망가지는 줄 모르고 늘 한쪽 팔은 목발이고 한 쪽 손을 들어서 옮기다 보니 팔에서 생기는 힘은 힘든 시간들을 견딘 증거물로 남았다. 근육이 생겼다고 착각하며 무슨 일이든 마다하지 않고 몸과 마음을 일에다 다 던지는 나는 무지하였다.

어느 해, 5월 8일 어버이날이었다. 밖에서 술 한 잔하고 들어오는 남편은 아들에게 소리를 지르더니 옷을 다 벗겨 팬티만 입혀서 밖으로 쫓아내었다. 동네 사람들이 오며 가며 다 보이는 마당에서 무릎을 꿇고 팔을 치켜 올려 벌을 세운다. 무슨 영문인지 몰라서 남편에게 물으니 밖에 나가니까 카네이션을 달고 다니는 지인들을 만난 모양이다. 그래서 남편이 아들에게 카네이션을 준비하지 않았다는 이유로 저녁 늦게까지 벌을 세운 것이다. 동네 사람들이 아이가 무슨 잘못을 했기에 벌을 받느냐고 한 마디씩 다 했으며 또래 아이들은 뛰어놀면서 동물원에 코끼리 구경하듯이 훔쳐보곤 하였다.

오래도록 벌을 서다 너무 힘들어서 쓰러지기 직전까지 왔다. 내가 대신 매 맞을 각오로 벌을 서고 있는 아들의 팔을 내리게 하였는데 남편은 분을 이기지 못하고 나와 아들을 공범으로 몰아 험한 일을 당해야만 했다. 물려준 가난도 미안하기만 한데 자라나는 나무의 새싹을 싹둑 자르듯이 아들의 자존심은 아랑곳하지 않았고 귀를 펴지 못하게 무자비하게 밟아 버리기도 했다.

고학년이 되자 학교의 육상 대표 선수로 뽑혔다. 아들은 마음먹은 목표라도 있는 듯 우리 엄마가 뛸 수 없는 그것을 엄마 몫까지 대신해서 뛴다고 하면서 육상에 취미가 있었다. 꿈도 있었다.

나에게 맺힌 한을 풀어 줄 것처럼 덤벼드는 아들이 대견스럽기도 하고 마음이 아팠다. 그러든 어느날 아들이 육상 선수로 전국 체전에 출전하게 되었다. 기쁨도 잠시, 아들이 신을 육상화를 장만해 줄 여건이 되지 않아 당장에 시합을 나가야 하는데 중요한 신발이 없었다.

담임선생님께서 어떻게 어려운 가정 형편을 눈치채고 나이키 운동화를 한 켤레 선물로 주셨다. 눈물이 핑 돌았다. 그 신발을 어루만지며 고개를 숙이고 있는 아들에게 등을 톡톡 두드려 주었다. 선생님이 주신 신발을 신고 반드시 우승할 것이라고 수십 번 다짐을 한 아들은 1등은 못하고 2등을 하였다. 땀 흘린 만큼 결실을 이루지 못했다고 실망한 아들은 시민운동장에서 펑펑 울었다. 풀 죽어 있을 때 용기를 북돋아 주는 선생님의 격려로 아이는 다시 우뚝 설 수 있게 되었다. 정말 고마우신 선생님이신데 너무 가난하고 부끄러워서 당당하게 감사하다는 인사도 못 드린 것이 후회도 된다. 무학인 엄마는 공부도 가르쳐 주지 못하고 마음껏 먹이고 입히지도 못해서 마냥 아프고 아파야만 했다. 어쩌면 소아마비 엄마 대신 엄마 몫까지 생각하며 가슴 아파했을 아들을 생각하면 지금도 한없이 가슴이 미어진다.

엄마의 눈물과 사랑으로 가난한 생활 속에도 씩씩하게 잘 다녀준 초등학교는 6년 개근으로 잘 마무리했다.

슬픈 추억

1994년도이다. 수성구 범물동 용지아파트 재개발 기초공사가 한창일 때다. 아파트 임대 분양 중이라는 소문을 듣고 용기를 내어 동사무소로 가서 아파트를 신청했다. 다행히도 내가 장애인이라서 우선순위로 당첨되는 기쁨을 얻었다. 비록 12평 임대 아파트지만 남의 집 살이를 더 이상 하지 않아도 되고 집주인 눈치를 보면서 조바심을 내지 않아도 되어 뛸 듯이 기뻤다. 아무리 힘들어도 세상은 나를 버리지 않았다. 더 열심히 살라고 기회를 준 것이라고 마음속으로 생각했다. 하지만 아파트 임대 보증금을 마련하는 것이 쉽지 않았다. 가진 돈이라고는 전세금 80만 원이 전부인지라 내 처지로 백만 원이라는 돈을 마련하는 일이 쉽지 않았다. 몇 날 며칠을 고민했다. 하늘이 준 기회인데 결코 기회를 놓치고 쉽지 않아 고심 끝에 이웃들에게 다니며 돈을 빌렸다. 다행히도 사람들은 자신의 일처럼 기뻐해 주면서 돈을 빌려주었기에 그 돈과 내가 남편 몰래 틈틈이 모아둔 돈을 보태서 보증금을 다 맞출 수 있게 되어 마침내 임대아파트에 들어갈 수 있게 되었다.

남편은 우리도 이제 아파트에서 살게 되었다고 몹시 기

뻐하면서 아파트로 이사를 가면 술도 끊고 열심히 살아보겠다고 열변을 토했다. 나는 그런 남편의 달콤한 거짓말에 또 속아 진짜 이제는 아파트에서 아이랑 남편과 함께 열심히 살면 되는 줄 알았다. 나의 고난은 이제 끝났다고 생각하면서 얼마나 설레는 날을 보냈는지 모른다.

팔월의 무더위가 기승을 부리다 하늘도 견디지 못했는지 비가 엄청나게 쏟아지는 날 우리는 초라한 이삿짐을 꾸려 아파트로 입주하게 되었다. 물은 재물을 의미한다고 비가 저렇게 쏟아지니 앞으로 돈이 많이 들어오겠다면서 이웃들은 덕담을 해주었다.

그동안 단칸방에서 살았던 아들은 자신의 방이 생겼다고 뛸 듯이 기뻐하였다. 나는 그런 아들에게 선물을 하나 해주었다. 비록 싸구려이지만 책상을 하나 사주었다. 공부할 때 불편함이 없도록 배려해 주는 엄마의 선물이다.

자신의 방이 생긴 아들은 학교생활도 더 열심히 하여 어느덧 6학년 되었다. 담임선생님은 대구 중학교 육상 선수로 추천서를 쓰자고 제안을 하였는데, 남편이 기필코 반대를 하여 하는 수없이 육상 선수의 꿈을 접고 중학교 입학식을 기다리고 있던 날 아들은 무척이나 측은한 모습으로 내게로 다가와 슬픈 표정을 지으며 동생을 하나 만들어 달라고 하였다.

"엄마, 제게 강아지 한 마리만 사주면 안 돼요? 그럼 제가 공부도 열심히 하고 말도 잘 듣고 착한 아들이 될게요. 응, 엄마!" 아들은 나를 조르고 졸랐다. 자식을 이기는 부모가 없는지라 어쩔 수 없어 그동안 비상금으로 모아놓은 십삼만 원으로 벼룩시장 광고를 찾아서 말티즈란 수놈으로 구입하였다. 말티즈는 외로운 아이에게 동생이 되어 주었다. 남편에게는 아랫집에서 얻어왔다고 거짓말을 하고 나와 아들은 공범 아닌 공범이 되었다. 강아지 이름은 '쫑아'라 짓고 동생이 생겼다고 기뻐하는 아들에게 정서적으로 많은 도움이 되었다. 학교에서 돌아오면 정성스럽게 동생을 돌보듯이 아끼고 사랑하는 모습을 보고 흐뭇했다.

개는 사료로 키워야 하는데 형편이 어렵다는 이유로 밥과 반찬을 먹였더니 조그맣던 강아지가 마치 거인처럼 자라버렸다. 매일매일 술에 취한 남편을 쫑아도 부서움에 떨어야만 했다. 하루는 술상에 차려진 안주에 눈독 들인 쫑아는 밥상 앞에 서성이다가 남편이 집어던져서 그대로 벽에 부딪혀 끔찍한 상처가 나기도 하고 때로는 정신을 잃어버리기도 했다. 그럴 때마다 아들과 나는 쫑아가 잘못될까 봐 조바심을 내었다. 말 못하는 동물을 패대기치고 학대하는 버릇이 잦아들더니 마침내 습관이 되었다. 하는 수없이 쫑아를 살리기 위하여 우리는 또 다른 계획을 세웠다. 벼룩시장에 광고를 냈고 얼마 지나지 않아 쫑아를 키울 새 주인이 나타났다. 그동안 키우다 정든 시간을 생각하면 마음이 찢어졌다. 마지막으로 목욕을 시켜주며 말했다.

"쫑아야, 어디 가든 아프지 말고 잘 커라" 젖은 털을 쓰다듬으며 속삭였다.

"내가 아파보았기에 잘 아는데 너도 얼마나 아팠을까? 더 이상 학대당하지 말고, 새 주인 만나서 사랑 듬뿍 받고 살아라."

사랑하는 개를 살리기 위해 빨리 보내야만 했다. 그렇게 쫑아를 보내고 난 뒤 아들은 축 늘어져 힘없는 모습이었다.

그 후 지금까지 나는 TV에서 나오는 동물 프로그램은 절대로 보지 않는다.

엄마와 아들

미국에 살고 있는 언니가 나를 초청하려고 오랜 기간에 걸쳐 준비해 온 일들이 마무리되어 드디어 모든 서류가 완성되었다고 미국 대사관에서 연락이 왔다. 인터뷰만 하면 날짜와 비자가 나오는데 남편은 그 서류를 보는 순간 눈에 불을 일으키면서 산산 조각으로 찢어버리고 말았다. 한국에서 비전 없는 삶을 살아가는 것보다는 미리 자리를 잡고 사는 언니 곁에서 뭐라도 하고 살면 여기보다는 나을 것 같았다. 아들의 장래를 생각해서라도 미국으로 가고 싶었다. 하지만 두 번 다시 오지 않을 기회를 남편은 휴지조각으로 만들어 버렸다.

이제 미국 이민을 가려던 꿈은 한낱 물거품이 되어버렸다.

미국 이민도 포기하고 무미건조한 날들로 세월을 보냈지만 시간은 어찌 그리 잘 가는지 아들이 중학교 3학년이 되었다. 진학을 앞두고 학부모 진학 상담을 가야 하는데 나는 몸이 불편하고 남편은 무능력한데다 교육에는 무관심하다 보니 아들은 인문계를 포기하고 담임선생님이 권유하는 공업고등학교 화공과로 진학하게 되었다.

고등학교에 입학을 하자마자 선배들이 서로 자기 서클로 당기려 했지만 자신을 보고 힘들게 살아온 엄마 얼굴이 떠올라서 도저히 불량 서클에 가입을 할 수 없었다. 그러자 선배들은 칼을 휘두르며 쫓아다녔고 아들은 위험을 무릅쓰고 평화시장 골목골목으로 숨어다니면서 학교를 다녔다. 그렇게 집으로 돌아오면 아버지가 아들을 위협했다. 조금만 늦게 들어오면 벌을 세우고 엎드려뻗쳐를 시켜놓고 굵은 몽둥이로 사정없이 때렸지만 착한 아들은 아버지에게 한 번도 대들지 않고 때리면 맞고 혼을 내면 조용히 듣고 있었다.

"여자는 약하지만, 엄마는 강하다" 나는 점점 독해지고 강해져야만 했다. 그것만이 나와 아들을 보호할 수 있다고 생각했다.

시시때때로 아버지에게 맞는 아들을 보호하기 위해 시티폰을 하나 장만하여 나와 아들은 암호를 정해놓고 서로 신호를 보냈다. 아파트 베란다에서 내려다보면 버스에서 내리는 아들이 한눈에 들어온다. 술에 만취되어서 아들을 잡으려 남편이 집에서 기다리고 있는 날이면 나는 미리 집 전화로 통화는 못하고 후, 후, 후 세 번 불며 빨리 들어오라는 신호를 보내며 잽싸게 들어오게 되면 그날은 무사하게 보낼 수 있었다.

고 1학년 여름 방학 때는 아르바이트를 해서 번 돈으로 신발도 사고 용돈으로 사용하기도 하였다. 그런 모습을 보면 한창 부모의 품에서 어리광 부릴 나이인데 너무 일찍 철이 들어버린 것 같아 마음이 아팠다. 게다가 실업계 학교는 학습보다는 실기가 우선이다 보니 남들보다 일찍 산업현장에 뛰어들었다. 아들이 실습을 간 곳은 금속회사로 금속을 다루는 곳이다. 기계를 깎는 요란한 소리와 위험한 곳이 많은 실습 생활이라 나는 무서운 악몽을 꾸는 날의 연속이었다. 그러나 언제나 버팀목이 되어준 보호자 같은 아들이 있기에 하루가 멀다 하는 남편의 폭력도 견딜 수 있었다.

여성의 집

집집마다 밥 짓는 연기가 피어오르고 조금 있으면 가족들이 모여 오손 도손 저녁을 먹는 정겨운 풍경을 지나 어두운 밤이 오면 그때부터 심장이 두근거리기 시작한다.

밤마다 남편은 흉기를 찾아 헤매고 다닌다. 그 두려움에 주방에 있는 가위, 칼 위험한 것들은 모조리 집 밖으로 숨겼다가 아침이 되면 감추어 둔 주방 도구를 찾아와 밥, 반찬들을 만들다 밤이 되면 다시 집 밖으로 감추어야 하는 생활을 반복하다 보니 어떤 날은 눈을 뜨는 것이 싫었다. 밤마다 죽었으면 좋겠다. 차라리 내일 아침에 눈을 뜨지 말았으면 싶다가도 아들을 생각하면 어떤 결론도 내리지 못한다. 그러나 날이 갈수록 남편의 감정 변화는 기복이 심해져 도저히 종잡을 수가 없다. 멀쩡하게 담배를 피우다 말고 순식간에 재떨이를 던져 머리에서 피가 흐르기도 하고 또 아침부터 술에 취하여 무작정 선풍기를 던지면 선풍기의 머리, 날개가 바닥에 부딪혀 모조리 박살이 나 집안을 어지럽히며 내 몸과 마음도 바닥으로 내동댕이쳐져 산산이 부서져 버린다.

지렁이도 밟으면 꿈틀한다고 한다. 더군다나 나는 인간인데 참는 데 한계에 다다른 것 같았다. 코를 골면서 세상모르고 잠든 남편이 깰까 봐 허둥지둥 작은 가방에다 이것저것 옷을 챙겨서 무작정 나와 택시를 탔다. "손님 어디로 모실까요?"

슬리퍼만 신고 허둥대는 내 모습에 집 나온 걸 눈치챘는지 택시 기사가 눈을 힐끔거리면서 묻는다. 막상 대답을 하려니 어디로 가야할 지 마땅하게 떠오르지를 않는다. 문득 언젠가 들은 이야기가 떠오른다. 가정폭력을 당한 여성이 머무르는 곳인 '여성의 집' 이 생각나 기사에게 물어봤더니 택시 기사는 자갈마당 근처에 있다면서 "여성의 집"으로 데려다주었다.

택시에 내려 여성의 집 앞에 왔으나 도저히 문을 열고 들어갈 용기가 나지 않아 한참을 서 있는데 10월의 가을바람이 스산하게 옷깃을 여민다. 남편 몰래 나오느라 얇은 몸빼에 슬리퍼를 신고 나와서인지 찬기가 느껴진다. 하는 수없이 간판에 쓰인 전화번호를 보고 전화를 걸었다. 전화는 여성의 집 원장님이라는 분이 아주 친절하게 받았다.

"들어오시기 힘드시면 제가 모시러 나갈 테니 잠시만 기다리세요." 원장님은 바로 문을 열고 나와 추운데 떨지 말고 빨리 들어가자고 나를 부축하여 안으로 들어갔다. 훈기가 느껴지는 실내는 따뜻하고 아늑했다. 이런 기분을 언제

느껴 보았던가? 마치 오랫동안 전쟁터를 누비다 고향집으로 돌아온 병사처럼 자리에 털썩 주저앉아 쉬었다. 잠시 쉬었다 둘러보니 그곳에 있는 여자들의 모습이 나처럼 군데군데 시퍼렇게 멍이 든 얼굴을 하고 있었다. 오갈 데 없는 여자들이 나와 처지가 비슷해 동병상련의 아픔을 느낀다. 세상에 맞고 사는 여자들이 이렇게나 많다는 게 화가 났다. 자식 낳아 기르고 힘없는 여자가 무엇을 그리 잘못했다고 남자들에게 무시당하고 폭행에 시달려야 하는지 세상이 원망스러웠다. 내가 몸이 불편하지 않고 공부만 했더라면 여성인권 운동을 하고 싶었다.

다음 날, 사무실에 있는 전화로 아들에게 연락을 하였다. 아들은 내가 없어져 걱정을 많이 했다고 하면서 안전한 곳에 있어서 그나마 다행이라고 한다. 그날 오후 아들은 실습을 끝내고 내가 있는 곳으로 찾아왔다. 내 두 손을 꼭 잡고 자신은 친구 집에 있을 테니 걱정하지 말고 여기에서 보호받으며 편안하게 있으라고 위로를 해주었다. 부족한 엄마를 끔찍이도 생각하는 아들은 학교를 마치고 매일 찾아왔다.

술에 취한 남편이 내 곁에 없다는 것이 그리 행복한 줄 몰랐다. 처지가 비슷한 사람들끼리 서로의 상처를 보듬어 가면서 식사 당번도 정하여 식사도 즐겁게 하고 청소당번을 정해서 돌아가면서 청소도 하여 쾌적한 환경에서 하루하루 생활하는 것에 적응되어 갈 무렵 또 다른 고민에 부딪혔다.

여성의 집은 잠시만 머물다가 갈 곳을 정하여 나가야 한다. 어떤 사유이든 연장 기간이 적용되지 않는다. 그렇다고 다시 남편의 음주와 폭행이 기다리는 집으로 돌아가고 싶지도 않고 달리 방법도 없는지라 여성의 집 원장님과 상담을 하여 얻은 방법은 취직을 하는 것이었다. 그래서 원장님은 가내수공업 공장을 소개해 주었다. 난생처음으로 취직을 한다고 생각하니 내가 일을 할 수 있다는 것에 참 기뻤다. 이를 악물고 열심히 노력해서 돈을 열심히 벌어서 자립을 해야겠다고 꿈에 부풀어서 공장으로 찾아갔지만 예상 밖의 일이 나를 기다리고 있었다. 가내수공업 공장이지만 여자들도 무거운 박스를 들고 나르는 일이다 보니 몸이 불편하여 잘 걷지도 못하는 내가 박스를 들고 나르는 일은 꿈도 못 꿀 일이었기에 취업을 포기하고 다시 여성의 집으로 돌아왔다.

더 이상 연장할 수 없는 날 원장님은 갈 곳이 없음 남편에게라도 연락을 해보라고 했다. 사실 죽기보다 싫었지만 내가 그것 말고는 달리 방법이 없었다. 그런 내가 한심하고 자괴감이 들지만 남편에게 전화를 걸었다. 한 달여 만에 내 목소리를 들은 남편은 몹시 반가워하면서 다시는 안 때린다고 집으로 돌아오라고 사정을 한다. 그러면서 자기가 어머니와 같이 오겠다면서 그곳이 어디냐고 묻는 말에 나도 모르게 자갈마당 근처라고 말을 해버렸다.

전화를 받은 남편은 자갈마당 근처로 와서 여성의 집을 바라보다 작은 돌을 던졌지만 아무도 문을 열어주지 않아 홀로 포장마차에 앉아 밤을 지새웠다. 다음 날은 술에 취한 상태로 시장에서 장사하는 친정어머니를 모시고 다시 찾아왔다. 어머니를 데리고 온 남편을 본 원장님은 염려스러운 표정으로 어떻게 했으면 좋겠냐면서 우선 어머니를 만나서 의논을 해보라고 어머니를 만나게 해 주었다.

여성의 집에서 남편이 아내를 데리고 나가려면 각서를 쓴 후에 데리고 나갈 수 있다.

남편의 집에 들어가야 하는 나를 보고 여성의 집 가족들이 모두 말렸지만, 뾰족한 방법이 없었다. 원장님은 각서를 보관하고 있을 테니 행패 부리면 언제든지 다시 오라고 하였다.

택시를 타고 오는 길에 어머니는 우리 꼴이 보기 싫다 하여 중간에 내렸다. 집에 들어오자마자 또 한바탕 소란을 피웠다. 집성촌인 자갈마당 근처를 왜 갔느냐고 거기에서 무슨 짓을 했냐면서 몇 날 며칠을 괴롭혔다. 길이 아니면 가지를 말라고 했다. 말이 말 같지 않아 나는 두 귀가 먹었다고 생각하거나 속으로 기도를 하면서 또 새날을 맞이하였다.

가출

이십여 년 가까이 지속되는 남편의 무능함과 알코올중독으로 인한 폭행에 지칠 때로 지쳐 이제는 애써 유지해온 결혼 생활을 그만 접어야 하겠다고 마음을 먹었다. 남편이 없는 시간에 아들에게 물어보았다. 아들은 엄마가 없는 이 집에서 단 하루도 살기 싫다고 하면서 죽으나 사나 엄마와 함께 해야 한다고 기어코 엄마를 따라나서 둘이는 집안에 있는 잔돈 부스러기를 챙겨서 무작정 동대구역으로 향했다.

비록 갈 곳은 정해지지 않았지만 아들과 나는 둘이 함께 있는 이유만으로도 서로에게 위로가 되어 마치 여행을 떠나는 모습처럼 즐겁기도 했다. 그러나 특별히 갈 곳이 정해지지 않았기 때문에 서로 의논을 해봤지만 달리 묘책이 없어 고민하던 중 서울에 있는 동생 집으로 정하게 되었다. 동대구역에서 서울까지 가는 열차 안에서 아들의 손을 꼭 잡고 많은 이야기를 나누면서 차창 밖의 풍경을 바라보는데 풍경은 바람처럼 휙휙 지나가는 것이 꼭 우리네 인생 같았다. 얼마나 시간이 흘렀을까 안내방송에서 서울역에 도착했다고 알린다. 나는 아들의 손을 꼭 붙들고 천천히 플랫폼을 빠져나왔다.

어머니가 다르긴 하지만 그래도 내 아버지의 핏줄이기에 어린 시절 많이 챙겨주기도 해서 나에게는 누구보다 많은 의지가 되었던 남동생이라 여겼기에 스스럼없이 전화를 했다. 하지만 알 수 없는 것이 사람의 마음일까? 동생은 나의 예상과 달리 퉁명스럽게 전화를 받았다. 그 소리를 들으니 자존심이 상해 마음 같아서는 당장에 전화를 끊어버리고 싶었지만 옆에서 나를 바라보고 있는 아들의 눈빛을 보는 순간에 마음이 한풀 꺾여버리고 입에서는 딴 소리가 나온다.

“사실은 내가 집을 나왔데이, 그 인간이 매일 술이나 먹고 사람을 때리 싸서 도저히 살 수가 없데이, 내가 어디 갈 데도 없고 해서 니한테 왔는데 너거 집에 잠시 좀 있으면 안 되겠나?" 애걸하는 내 목소리를 듣고도 한동안 말이 없던 남동생은 마지못해 자신이 살고 있는 아파트 주소를 가르쳐준다. 우리는 동생이 가르쳐 준 아파트로 가기 위해 택시 승강장 있는 곳으로 왔다. 그런데 내가 목발을 짚고 불편한 사람으로 보여서일까? 몇 대의 택시가 우리 곁을 스쳐가고 겨우 택시를 잡아타고 여의도 아파트까지 왔다. 택시에서 내리니 올케가 마중을 나와 기다리고 있었다. 마중 나온 올케를 따라 엘리베이터를 타고 올라가 아파트 현관문을 열자 고급스러운 분위기가 한눈에 들어왔다. 우리가 살고 있는 작은 임대아파트랑 비교가 되지 않았다. 우리는 그 기에 눌려 풀이 죽은 체 하룻밤을 보냈지만 마음은 한없이 불편하여 마치 가시방석에 앉아있는 듯했다.

방송국에 근무하는 남동생만큼은 나에게 조금이나마 도움을 줄 것이라 생각했지만 그건 내 마음이지 동생의 마음은 아니었다.

"생각이 있나 없나? 무턱대고 한밤중에 여길 찾아오면 내가 우짜노" 마치 동생을 나무라는 오빠처럼 호통을 치고는 아침 일찍 출근을 해 버린다. 그렇게 호통을 치던 동생이 출근한 뒤 올케는 나에게 물었다. "형님, 대체 무슨 소리인지 모르겠네요. 나는 결혼하면서 누나가 있다는 이야기를 들어 본 적이 없어 갑자기 누나가 찾아온다니까 조금 당황했어요."

나는 어차피 일이 이렇게까지 온 걸 그냥 솔직하게 말해버리자는 생각으로 우리 가족의 지나온 이야기를 전부 털어놓았다. 새파랗게 놀란 올케는 오히려 나의 등을 두드려

주며 손을 꼭 잡아 기도까지 해주는 사람이었다. 성품이 따뜻한 올케는 밥상을 차려주고 하루라도 편안한 마음으로 있을 수 있도록 많은 배려를 해 주어서 너무 고마웠다.

퇴근을 하고 돌아온 남동생은 몹시 짜증 섞인 말투로 불평불만을 가득 늘어놓으면서 내일 아침 떠나라고 한다. 그 말을 듣는 순간 눈물이 나도록 섭섭하고 세상이 푹 꺼지는 기분이었다.

밤새 우울한 마음은 사라지지를 않았고 잠을 청해도 도무지 잠은 오지 않고 마음만 두근두근거리는 불안한 증세를 보이다 밤을 새우고 아침이 밝아 왔다. 올케가 정성스럽게 밥상을 차려줬지만 밥알이 모래알처럼 서걱거린다. 통 식사를 못하고 있는 나에게 올케는 위로를 해주었다. "형님, 힘들지만 잘 큰 아들을 봐서라도 용기를 가지고 열심히 사세요."라면서 50만 원을 주고는 자기 비상금이라며 50만 원을 더 얹어 주었다. 비록 동생에게는 문전박대를 당했지만 이해심 많은 올케 덕분에 그나마 조금 위안이 되었다.

더 이상 해결 방법이 없다. 서울에 있을 이유가 이제 전혀 없어졌다. 어느 곳으로 가야할 지 방향을 잃고 있다가 부산에 있는 고종사촌 동생에게 전화를 해서 고민을 털어놓았더니 그곳으로 오라고 한다. 어디를 가도 반겨 주는 곳이 없는 서글픈 인생이지만 지금 내 옆에 꼭 붙어있는 아들의 손을 잡고 부산행 열차에 몸을 실었다. 사촌 여동생은 반겨주었고 잠시나마 편하게 지냈지만 시간이 흐르자 여동생 집도 마음 편하지 않았다. 세상에 자기 집만큼 편안한 데는 없는 것 같다. 저마다 살아가야 하는 방식이 있기에 열심히 살아가는 동생네 가족들에게도 미안한 마음뿐이었다. 아들은 부산에서 뭐라도 하여 돈을 벌어보려고 노력했지만 미성년자란 이유로 번번이 거절당했다.

어느덧 여름방학은 끝나고 가을 학기도 끝날 무렵이다. 그때까지 학교에 나타나지 않는 아들 때문에 고민을 하던 담임선생님은 여기저기 수소문 끝에 연락이 왔다. 더 이상 결석하면, 졸업하기 힘들다는 말을 했다. 돌이켜 보면 얼마나 많은 어려움을 겪으면서 고등학교 3학년까지 왔는데 엄마란 사람이 아들을 데리고 무슨 짓을 하고 있나 싶어 마음이 무거워졌다. 아무리 힘들어도 아이의 졸업은 시켜야겠다는 생각에 미치자 다시 대구로 올라가는 방법 말고는 달리 방법이 없다. 죽기보다 싫었지만 아이 아버지에게 전화를 했다,

"여보, 이제는 진짜로 마음잡고 열심히 살께, 제발 들어와, 학교에서 담임선생님도 여러 번 전화가 왔는데 우리 아들 학교 졸업은 시켜야 될꺼 아이가. 내가 다시는 안 때리께 앞으로 내가 니 때리면 성을 간다. 성을 갈아"

선택의 여지가 없었다. 엄마의 자리란 이런 것일까? 눈물이 두 볼을 타고 하염없이 흘렀다.

아이 잘 키우기 위한 책임감 때문에 무수히도 참고 참으며 살았건만 결과는 돌고 돌아도 그 자리가 그대로이다. 그래도 아들의 장래를 위해 무슨 짓인들 못하겠나 싶어 죽을 각오로 다시 들어갔다. 어설프지만 가족이란 울타리를 다시 한 번 만들어 보리라. 이제는 변했으리라 아니 변했겠지? 또 속고 속더라도….

집으로 돌아와 모든 것이 정상이 되어 아이는 학교로 돌아가고 남편도 열심히 일하였다. 열심히 일을 하는 척하는 남편을 바라보며 측은한 생각도 들었다. 그래서 나쁜 기억은 지워버리고 내가 할 수 있는 가정주부 자리에서 열심히 일을 했다. 남편과 아이를 위하여 그동안 못해준 맛있는 음식을 만들어 주려고 노력했고, 몸은 불편하지만 기어 다니면서 집안 살림은 알뜰살뜰 내 손이 닿는 곳마다 반짝반짝 깨끗이 닦았다. 그동안 갈등했던 마음을 닦듯이 말이다.

사회로 나온 아들

기쁨보다 슬픔이 더 많았던 날들, 슬픔의 짠 기운이 소금을 만들고 그 소금이 아들에게는 필수 영양분이 되었다. 슬픔의 소금으로 마음이 훌쩍 커버린 아들은 드디어 고등학교를 졸업하고 논공 달성 공단에 취직을 했다. 사회에 첫발을 디딘 직장은 주야간 2교대 조로 일하는 빵 공장이다. 공장은 거리가 멀어서 범물에서 달성군 논공 공단까지 가려면 종점에서 종점으로 가야했지만 아들은 한마디의 불평불만도 하지 않고 날마다 새벽 4시가 되면 집을 나섰다. 그리고 다달이 월급을 타면 돈을 거의 안 쓰고 차곡차곡 은행에다 모았다. 그런 아들이 대견해 새벽밥을 해 먹여 출근시키고 나면 나도 몸을 움직이며 손으로 할 수 있는 부업들은 마다않고 열심히 하여 살림에 보태었다. 어려운 가정형편 때문에 대학 진학도 포기하고 열심히 직장 생활을 하던 아들은 알뜰살뜰 모은 돈으로 중고차를 한 대 장만하여 출근길이 훨씬 수월하게 되었으니 참으로 다행스러운 일이었다.

직장 생활도 어느 정도 자리를 잡을 때쯤 아들은 나에게 조심스럽게 자기의 소견을 밝혔다.

"엄마, 우리 집 형편이 어려우니까 내가 빨리 군대를 갔다 와서 돈을 벌면 안 되겠나? 그래서 내가 군대를 지원하려고 하는데 엄마 생각은 어떻노?" 빈곤한 환경에서 대학도 못 가고 일찍부터 직장 생활을 하는 아들에게 못내 미안하기만 한 나는 그 말을 듣는 순간 또 가슴이 무너지는 것만 같았다. 그렇지만 대한민국 남자들이 한 번은 다녀와야 하는 것이 병역의 의무이기에 나도 기꺼이 찬성을 하였다.

드디어 입대 날짜가 다가오고 아들은 엄마가 몸이 불편하여 배웅하지 못하는 걸 알기에 조용하게 친구들과 함께 논산 훈련소로 향했고 친구들은 손을 흔들며 아들을 훈련소로 들여보내고 나서야 나에게 연락이 왔다.

"어무이 걱정하지 마이소. 지금 막 훈련소로 들어갔심더"

이 짧은 한통화의 전화에 얼마나 울었는지 모른다. 열흘 후 사회에서 입던 아들의 옷이 집으로 왔고 그 옷을 들고 아들의 냄새를 맡으며 얼마나 울었는지 모른다. 그동안 부모로서 부족하여 마음껏 해주지 못한 것들이 생각나 가슴을 아프게 때렸다. 그 후 4주간의 신병 훈련이 끝나고 철원 백골부대에 자대 배치 받았다는 편지를 받았다. 한편으로는 안심이 되었지만 그 추운 겨울에 동상에 걸린 발로 혹독한 훈련을 꿋꿋하게 받으면서도 병영생활을 잘 적응해 나갔다.

아들이 군대 간 사이에 남편은 아들이 직장 생활하며 애써 모아놓은 돈을 찾아다 흥청망청 쓰면서 돌아다녔다. 그러다 아들이 벌어놓고 간 돈도 바닥나기 직전이었다. 아들이 제대를 하고 집으로 돌아오면 더 이상 자식의 얼굴을 바라볼 용기도 없고 이제 남편에 대한 신뢰도 바닥이다. 조용히 남편을 불러놓고 나는 합의 이혼을 할 것을 종용했다. 어쩐 일인지 조용하게 나와 함께 법원 앞에까지 왔는데, 화장실 다녀온다던 사람이 2시간이 지나서도 나타나지 않아서 결국 제 자리로 돌아오는 신세가 되고 말았다. 어쩔 수 없이 살아야만 하는 인생을 하염없이 원망하며 두려움과 무서움 속에서도 아들의 힘든 군대 생활을 떠올리며 꾹꾹 참고 살았다.

남편은 아들이 남겨놓은 돈도 다 써버리고 일은 하지 않고 빈둥거리며 세월을 보낸다. 그러다 보니 생활도 피폐해져 그동안 열심히 다니던 성당에 나가는 것도 점점 소홀하여 발걸음을 끊었다. 주일 날 아침, 집에서 여기저기 찾아봐도 단 돈 20원밖에 없었다. 미사를 보고 주일 헌금은 20원밖에 못했다. '하느님께서 용서해 주시겠지?' 혼잣말로 속삭이며 위안을 삼았다.

그다음 주에 주보에 일백, 몇 만, 몇 천, 이십 원까지 나온 것을 읽고 가슴이 뛰었다. 마치 죄지은 사람처럼 말이다. 최저 삼천 원은 내려고 목표를 정하고 결심한 약속을 지키지 못하였기에 스스로 위축이 되어 부끄러워졌다.

교무금을 매달 삼천 원씩 내야 하는 하나님과의 약속을 지킬 수 없는 상황이 오다 보니 스스로 냉담을 하게 되었다. 자본주의 사회에서 돈이 주는 뼈저린 아픔과 초라함은 종교까지 저버리는 현실이 되다 보니 나는 점점 더 힘들어지고 우울증까지 심해져 갔다.

아들의 피 같은 돈을 22개월 만에 다 쓰고 텅 빈 통장을 아들에게 제대 선물로 주었다.

축 늘어진 어깨와 수심이 가득한 아들의 얼굴에는 희망은 사라지고 좌절감만 보였다.

군 생활하면서 재대하면 트럭을 하나 장만하여 과일이라도 팔아서 엄마와 편안하게 살자는 꿈과 희망뿐이었다고 했다. 겉으로 표현은 하지 않아도 속은 울고 있다는 걸 알았지만 위로 한 마디 하지 못했다. 너무 한심한 부모이기에 침묵만이 흘렀다.

사회에 나온 아들에게 기쁨보다 불행을 먼저 주었다. 하늘은 아들의 슬픈 마음이라도 아는 듯 그해는 비는 왜 그리 자주 내렸는지…, 아마 아들은 그 비를 잔뜩 맞으면서 슬픔의 맛을 독하게 느꼈을 것이다. 곧 나의 슬픔이기도 하여 아들을 생각하며 감자 넣고 수제비를 떠서 한 그릇 떠 주니 후딱 해치우는 아들의 모습에 너무 마음이 아프지만 내가 줄 수 있는 것은 엄마표 밥상 뿐이었다.

비가 온 후 하늘이 더 맑고 청명하듯이 우리의 마음도 더 단단해지고 성숙해지는 느낌을 주었다. 행여나 엄마 마음 다칠까 봐 밝은 모습으로 돌아온 착한 아들이 너무 고마웠다.

엄마는 아들에게 많은 것을 배우고, 느끼며, 부끄럽기도 하고, 어른이 다 된 성숙한 아들을 보며 뿌듯하기도 했다. 그동안 참고 살아오길 참 잘했다는 생각도 해 보았다.

포도장사

어느 날 문득 내가 살고 있는 아파트 입구 인도에 앉아 노점 장사를 한 번 해볼 생각이 들었다. 왠지 그곳에서 장사를 하면 잘 될 것 같아 온몸에서 용기가 샘물처럼 솟아올랐다.

몸이 불편하니 물건을 사 올 수가 없는지라 하는 수없이 남편에게 도움을 청했다. 예전에 살던 범물동 포도밭에 가서 포도 두 상자만 사 오라고 했더니 아무 말 없이 응해주었다. 몇 달 정도는 말도 잘 듣고 나와 손발이 척 척 맞았다. 남편은 농산물을 떼어오고 나는 쪼그리고 앉아서 열심히 팔았다. 얼마나 열심히 장사에 몰두했는지 점심시간이 지나는 것도 모르고 어떤 날은 소변이 마려워도 화장실도 갈 줄 몰랐다. 개미처럼 열심히 일하면 부자가 될 수 있을 것 같았다. 그러나 그것도 며칠을 버티지 못하고 남편은 노점상 앞에서 매일 술상을 펴고 오가는 사람을 붙잡아 주정을 부리는 바람에 동네 사람들의 민원으로 장사를 포기하게 되어버렸다.

장사를 그만둔 후에 남편의 눈에 비친 모든 풍경은 시비의 대상이 되었다. 우리가 장사하던 주위에 오뎅 장사, 빵

장사, 과일 장사를 하는 사람들이 열심히 살아가고 있었다. 자신은 민원으로 장사를 못하게 되었는데 너희들은 왜 장사를 하느냐며 심술이 났는지 오다가다 노점에 놓인 것들을 발로 툭 차고 아님 사람들에게 괜한 시비를 걸어 멱살도 잡히고 폭행까지 수시로 당한다. 남편은 술과 싸움으로 날이 갈수록 체력도 점점 떨어지고 폐인이 되어 가고 있었다.

포도 장사를 접고 얼마 지나지 않아 거리를 방황하던 아들이 경호 속성 학원을 다니고 싶다고 의사 표현을 했다. 돈도 다 떨어지고 없는데 눈앞이 캄캄했다. 아들을 위해 자존심 따위는 없었다. 그래서 예전에 세 들어 살았던 주인집에 부탁해서 아들의 학원비를 이야기했다. 내 이야기를 들은 그녀는 두 말 않고 120만 원을 빌려주어 그 덕택으로 아들은 하고 싶은 경호 학원을 무사히 다니게 되었다.

알코올 중독

남편에게는 남들이 없는 알코올이란 성장판이 따로 있는 것 같았다. 왜냐하면 날로 술이 늘어 그의 음주량은 점점 늘어만 갔고 난폭한 기질을 드러내어 입을 다물 수가 없다. 자식도 나이가 들어가고 조금 있으면 결혼을 할 나이도 될 건데 저런 모습으로 새 식구를 맞을 수 없는 노릇이고 무엇보다 이 좁은 집을 난장판으로 만들어버려 이러다가는 내가 먼저 미쳐서 정신병원으로 갈 판이라 굳은 결심 끝에 알코올중독을 치료하는 병원에 전화를 걸어 의사와 상담을 한 후 날을 잡아서 병원으로 보내기로 마음먹었다. 마침내 구급차가 집으로 오고 어지럽혀진 집안에서 술에 취하여 횡설수설하는 남편을 꽉 잡아서 데리고 병원으로 보내게 되었다.

남편이 병원으로 실려 가고 없는 방에 그의 옷이 널브러져 있다. 구겨져 아무렇게나 던져진 옷을 보니 미운 생각보다는 마음이 아파왔다. 그래도 자식을 낳고 살아온 세월이 있기에 연민이 밀려왔다. 또 한편으로는 술에 젖어 시도 때도 없이 시비를 걸어 때리는 남편이 없다 생각을 하니 다리를 쫙 펴고 잠을 잘 수 있었다. 오랜만에 편하게 누워 잠을 잤다.

알코올 치료가 완치되어서 가족들 품으로 돌아오면 그때는 오순도순 살 것이라는 생각으로 병원에서 요구하는 것들은 모두 다 들어 주었다. 술 빼고 먹고 싶다는 것부터 생필품까지 지극 정성을 쏟아 부었다. 하지만 6개월 정도 치료하니까 더 이상 연장은 불가하다고 한다.

너무 짧았다. 그러나 입원 연장이 안 된다고 하니 하는 수없이 울며 겨자 먹기로 퇴원을 시킬 수밖에 없다. 퇴원을 하고 집으로 돌아오자마자 그는 숨도 안 쉬고 가게로 달려가더니 두 손에 소주를 가득 들고 나온다. 그리고 술을 양껏 마시고는 또다시 행패를 부리며 폭행을 행사한다. 너무 무섭다. 병원으로 가기 이전 보다 더욱 포악해진 그를 다스릴 수가 없어 근무 중인 아들을 불렀다. 이제는 달리 손을 쓸 방법이 없어 병원으로 보내다 다시 퇴원하기를 반복하다 보니 대구 인근에 있는 정신병원은 한 바퀴를 다 돌았다. 어떤 날은 술에 취하여 손발을 꽁꽁 묶어가기도 하고도 어떤 날은 경호원들에게 이끌려가기도 했다.

여러 병원을 다 돌아다니다 보니 남편도 꾀가 자꾸 늘어나 별의 별수를 다 썼는데 그중 가장 기발한 사건은 검단동에 있는 ○○병원에서의 사건이다.

하루는 전화가 와서 아들을 보내 달라고 했다. 근무 중인 아들은 집안일이라면 발 벗고 쫓아와서 도와주었기에 냉큼 달려가 면회를 하였다. 남편은 칠성시장에 있는 한의원에다 한약을 지어놨으니 자신을 대신해서 찾아달라고 하여 한약 4박스를 병원으로 전달하러 가다 아무래도 미심쩍은 생각이 들어 하나 빼어서 먹어보니 소주라고 하였다. 나는 어찌된 일인지를 몰라 병원에 가서 남편에게 사실을 물어보니 고로쇠 물이라고 모두를 속여 침대 밑에 보관해놓고 술을 즐기고 있었다. 게다가 다른 환자들에게 한 봉지씩 팔기도 하였다. 그 이야기를 듣는 순간 나는 그가 대동강 물을 팔아먹은 봉이 김선달을 능가한다고 생각했다. 그 머리를 좋은 데 썼더라면 얼마나 좋았을까?

마침내 남편은 대구에 있는 병원마다 강제로 쫓겨났다. 병원마다 그의 소문이 자자하여 받아주는 병원이 없어졌다. 치료는커녕 더 자포자기해져가는 가여운 한 인생을 지켜만 보고 있을 수 없어 고민 끝에 멀리 있는 충청도 괴산 산속에 있는 병원에 의뢰하여 1년을 약속하고 보냈다. 불안했지만, 워낙 보안이 잘 되어 있는 곳이라서 마음 편하게 지내고 있었는데 한 달도 채 넘기지 못하고 탈출을 시도하였다. 밤늦게 '딩동' 하며 울리는 초인종 소리의 불길한 예감은 결코 틀리지 않았다. 병원의 철통같은 보안을 뚫고 산을 넘고 논둑으로 도망을 쳐서 택시를 타고 탈출하였다고 자랑하며 떠들어대는 모습은 마치 어린아이나 다름없었다. 온갖 사연을 담고 그럭저럭 5년이란 세월 동안 알코올치료를 해 보았지만 다 부질없었다. 결국 항문에서 검은 피를 콸콸 쏟아내었다. 그럼에도 불구하고 그는 오직 술만 있으면 병도 해결되었다.

그의 몸과 마음은 술로 채워져 빈 껍질만 걸어 다닌다. 세상에 태어나 힘들게 살아오다 만난 내 젊은 날의 사랑은 술과 폭력으로 얼룩져있다. 차라리 우리가 서로 만나지 않았다면 좋았을 것 같다. 아직 살아가야 할 날들이 너무 많은데 어찌하면 좋을지 답을 찾을 수 없다. 성녕 인간의 힘으로는 안 되는 일일까? 나는 너무 절망하여 신의 이름을 부른다.

"신이여 제발 우리 남편이 술을 끊게 해주세요. 아니 술을 마시더라도 자신을 잃어버리지 않도록 해주세요. 신이시여!"

만남

나의 오랜 지병인 오십견이 발병하여 통증을 견디기 어려워 신경외과를 찾아가 치료를 받았다. 병원에서 치료를 받고 휠체어를 타고 가는데 누군가 나를 부른다. 뒤돌아보니 시장에서 채소를 팔고 있는 내 또래의 아주머니가 나를 불렀다.

"아줌마! 아줌마! 이리 좀 와 보소"

"왜요 아줌마, 혹시 저를 아세요?"

"아, 내가 매일 여기서 아줌마 지나다니는 걸 봤는데 왠지 아줌마를 보니 반찬을 잘 할 것 같은 생각이 들어서 그런데 내가 재료를 다 대줄 테니 김치를 담가오면 내가 일당을 쳐줄 테니 한 번 안 해볼래요?"

"그래예? 나도 김치 담는 거라면 자신 있심더 그라마 재료를 주보이소"

마치 나를 기다리며 준비라도 해둔 듯이 김치를 만들 재료를 주었다. 나는 아주머니에게 받은 야채들을 휠체어에 잔뜩 싣고 집으로 돌아와 다듬고 씻어서 김치를 만들어서 바로 가져갔더니 가게를 지키고 있는 그녀는 내가 너무 빨리 김치를 만들어오니 깜짝 놀란다. 그곳은 사람들이 워낙 많이 지나가는 곳이다 보니 노점에 김치를 내려놓자 순식간에 다 팔려 버리고 말았다. 그 길로 반찬 가게 주인은 나를 채용하여 모든 재료는 다 대어주고 나는 반찬만 열심히 만들어 내고 그는 판매만 전담으로 하게 되었다.

처음에는 하루 일당을 2만 원씩 꼬박꼬박 주어 한 달에 60만 원이란 급여가 손에 쥐어졌다. 몸은 힘들었지만 돈을 만지는 재미가 좋았다. 그렇게 몇 개월이 지났는데 느닷없이 30만 원으로 깎아버린다. 나는 갑자기 한마디 의논과 통보도 없이 일방적으로 일당을 깎는 이유를 몰라 주인에게 물어봤더니 장사가 잘 안되어 일당을 전처럼 줄 수 없다고 한다. 내 눈으로 볼 때는 장사가 잘 되었다. 화장실 갈 때 마음과 나올 때 마음이 다르다고 하더니 속으로는 조금

서운하기도 했지만 참기로 했다. 그나마 여기가 아니면 누가 나를 써주겠나 싶었기에 최선을 다해 반찬을 만들어 냈다. 그리고 자투리 시간에는 파와 열무를 다듬어 팔아 돈을 열심히 벌었다. 비록 푼돈이었지만 소중하기에 감사한 마음으로 땀 냄새 묻은 돈을 가슴에 품었다.

반찬 만드는 일도 어느덧 일 년이 지났다. 하루는 일을 마치고 들어오니 아들이 조심스럽게 말을 건넨다. 사귀는 아가씨와 어느 정도의 교제 기간도 지나고 해서 이제는 서로 결혼을 생각해야 하기에 나의 의견을 물어왔다. 그 말을 듣는 순간 한편으로는 걱정도 되고 다른 한편으로는 기쁘기도 하였다. 하나는 며느리를 본다는 사실이 너무도 기쁘지만 혹시 사돈되는 집안에서 엄마 몸도 불편하고 집안도 가난하고 게다가 술 중독의 아버지까지 생각하니 마음이 천근만근 무거워졌다. 그렇지만 한편으로 어느새 고물꼬물 기어다니던 아기가 결혼할 나이로 자라서 스스로 배필감을 데려온다고 하니 대견하기가 그지없다.

벚꽃이 활짝 피어 눈처럼 하얗게 날리던 봄이 지나고 파란 하늘을 바라보는 나무들의 잎이 푸르게 빛나던 초여름, 그날은 나에게 새로운 인연이 만들어지는 날이었다.

사돈이 될 분들과 상견례를 하기 위해 남편과 함께 나름 정갈하게 옷을 챙겨 입고 두근거리는 가슴으로 한정식 식당으로 향했다. 식당에 도착하여 며느리가 될 예비 신부와 그녀의 부모님과 인사를 나누고 식사를 마치고 세 명의 남자들은 바깥으로 나가고 세 명의 여자만이 남겨진 자리에서 안사돈이 먼저 입을 열었다.

"사돈 다리가 많이 불편하십니까?"

나는 다 알고 있는 줄 알고 조금도 스스럼없이 말했다.

"예, 소아마비입니다."

내 말이 떨어지는 순간 두 모녀는 얼굴이 백지장이 되어 나가버렸다. 분명 아들은 엄마의 다리가 불편하다고 말씀을 드려 알고 있다 했는데 아마 사돈과 딸은 교통사고로 다리를 다쳐 조금 불편한 정도로 알아들었던 것 같다. 뒤이어 부리나케 들어온 아들 녀석은 "이제 결혼은 다 끝났다" 하면서 인상을 쓰고 들어왔다. "엄마! 내가 엄마 교통사고로 다리를 다쳤다고 말했는데 엄마가 소아마비라 말하면 우짜노. 내가 못 살겠다."

아들과 미리 이야기하여 말이라도 맞추었으면 하는 생각들이 스쳐갔지만 이미 물은 엎질러졌다.

집안 분위기는 침울했다. 아들은 며칠 동안 말없이 우울한 표정으로 지내고 난 큰 죄를 지은 죄인이 되어 있었다. 그런 모습을 본 남편은 모처럼만에 내 편이 되어 아들에게 한마디 던진다. "니가 결혼하는 것도 중요하지만 여자는 헤어지고 나면 또 만날 수 있는 건데 니를 낳고 성치 않은 몸으로 키워준 하나밖에 없는 너거 엄마한테 그러면 되나?"

아들에게 야단을 치면서 모자관계를 정리해 주는 남편이 그나마 위안이 되어주었다. 오래 살다 보니 나를 걱정해 주는 남편의 모습을 다 본다. 그러나 파혼되었다고 생각하니 힘이 더 빠져 얄궂은 내 다리가 꼴 보기 싫을 정도로 미워졌다.

남편은 나의 마음을 달래주려는 듯 잠시 조용히 지내다 천막을 사와 아파트 옆 길목에다가 조그만 가게를 만들어 고구마, 야채들을 도매로 떼다 준다. 나는 남편이 가져 온 야채를 팔면서 잠시 동안만이라도 아들의 문제를 잊으려 노력했지만 문득문득 서글프게 다가오는 자신을 숨길 수는 없었다.

세상에는 늘 슬픈 일만 생기는 것은 아닌가 보다. 그동안에 소식이 없던 예비 며느리로부터 연락이 왔다. 그녀 또한 아들과의 교제를 쉽게 잊지 못하고 고민하다 이 병원 저 병원 다니며 알아보았다고 한다. 소아마비는 선천성이 아니고 후천성이라 유전되지 않는다는 말을 듣고 다시 아들에게 만나자는 연락이 온 것이다. 이후로 아들의 얼굴에는 다시 웃음꽃이 피고 나도 한시름 놓을 수 있었기에 무엇보다 신에게 감사한 마음이었다. 그리고 상견례서 얼굴 붉혔던 사돈들과도 다시 얼굴을 마주하며 예를 갖추고 미래를 향해 나가는 두 사람의 축복된 결혼을 위해 비록 예산은 적지만 그동안 푼푼히 모아둔 돈으로 성의를 다해 결혼을 준비하였다.

조약돌

며느리를 맞이하여 새 식구가 늘어나자 가족이란 잎맥에

햇살이 비치어온다. 구르고 구르다 윤이 나도록 닳아버린 조약돌처럼 슬픔과 고통으로 닳아버린 내 마음도 둥글게 둥글게 세상을 품으며 살아가고 있다. 잠자는 시간 이외에는 열심히 일을 했다. 김치를 만들어 시장에 납품을 하고 내가 운영하는 노점에서는 야채를 다듬어서 팔았다. 그랬더니 단골손님도 제법 늘어나고 수입도 늘어갔다. 아들도 분가하고 남편과 나는 적은 수입이지만 불편 없이 생활을 하게 되었다. 그러나 남편은 행패를 부리지 못하면 몸 안의 세포들이 시들해지는지 한 번씩 불안 불안했지만 별다른 사고 없이 지나갔다.

맑다가도 흐려지는 게 인생인가? 밤새 꿈자리가 뒤숭숭해 잠을 설쳤다. 밤잠을 설쳐서 피곤하기는 했지만 어김없이 그날도 김치 배달을 하기 위해 물건을 휠체어에 싣고 횡단보도를 건너는데 휠체어에 앉아있던 몸이 바닥으로 쿵! 하고 떨어지는 소리와 함께 정신을 잃고 말았다. 사람들의 웅성거리는 소리를 듣고 김치를 받기 위해 나를 기다리던 반찬가게 주인이 달려오고 구급차에 실려 병원으로 갔다. 교통사고에 당황한 가게 주인은 아들에게 연락을 해주었고 엄마의 사고 소식을 들은 아들은 출근을 미루고 달려왔다.

병원에서 여러 가지 검사를 마쳤지만 뚜렷한 진단이 나오지 않는다. 하지만 교통사고 후유증으로 1년간 병원 신세를 지게 되었다.

슬픔이 한 생을 끌고 가다 보면 기쁨이 샛길로 들어온다. 그렇지 않으면 사람은 어떻게 살아갈 수 있을까, 며느리가 임신했다는 소식이 들려왔다. 예쁜 손자가 세상에 나온다는 것은 삶에 지친 내 몸으로 꿀물이 스며드는 듯 달콤한 일이었다.

곧 꽃이 핀다고 수런거리는 아침처럼 아기천사가 우리 집으로 온다고 한다. 이 얼마나 아름답고 행복한 일인가, 몸을 마음대로 쓸 수 없지만 정신을 차려야겠다. 난 다시 난전에 앉아 야채를 다듬고 예쁘게 전시를 하여 물건을 팔게 되었다. 그렇게 하루하루 장사를 해서 푼돈을 모아 며느리가 산부인과 병원에 가서 검사도 받고 아기가 잘 자라도록 영양제도 사 먹고 맛있는 것도 먹으라고 용돈을 줄 수 있어서 기뻤다. 며느리에게 내 사랑을 표현하는 방법이었다. 그러나 마르지 않은 마음에 질기게 달라붙어 떨어지지 않는 기억이 있다. 나의 자화상을 들여다본다. 최초에 내가 인식했던 아픈 다리가 눈 속에서 자꾸 흔들거린다. 혹시라도 뱃속의 아기가 태어나서 나를 닮는 것 아닐까 하는 불안에 떨고 있는 나는 너무나 서투른 할머니이다.

힘들게 산도를 빠져나와 예쁜 꽃이 피어나듯 건강한 공주님이 태어났다. 내 생이 이토록 따뜻해질 수가 있을까 어딘가로 날아가기 위해 몸부림치며 날갯짓을 했던 무수한 나날들은 오늘을 만나기 위해 존재했던 것 같아 길거리 노점에서 야채 파는 것도 힘겹지 않았다. 그리고 건강한 아이를 순산해 준 며느리가 너무나 고마워 보답을 해주고 싶었다. 그래서 소중하게 간직하고 있는 금목걸이를 선물로 주었다. 아니, 시어머니의 마음을 다 주었다. 그 목걸이는 남편이 사우디아라비아에서 일을 마치고 돌아오면서 필리핀

마닐라에서 관광을 하다 눈에 띄어서 사온 목걸이다. 결혼할 때 아무것도 못해주어서 늘 마음에 담고 있었다고 한다.

디자인이 특이해서 발견하는 순간 고민하지 않고 자신이 직접 번 돈으로 처음이자 마지막으로 선물해 준 한 냥짜리 목걸이다. 그 마음이 고마워서 아무리 힘들어도 사력을 다해 지켰다.

어려울 땐 전당포에 맡기기도 했지만 날짜가 다 되어 가면 어떠한 방법으로든 찾아왔다. 직접 목걸이를 사와 내 목에 걸어준 남편의 유일한 선물을 서슴없이 며느리에게 물려주었다.

이혼

남편은 음악을 매우 좋아한다. 5,60년대 팝송을 좋아하다 보니 큰돈을 주고 장만한 인켈 전축은 매우 아끼고 사랑하는 물건이다. 음악도 좋아하고 노는 걸 좋아하는 낭만적인 성격이다.

때로는 나에게 아름다운 음악을 들려주기도 한다. 그럴 때 보면 원래 그 사람의 인품은 예술적이고 온화한 성품인 것 같다. 때로는 남편을 바라보면 그의 울음에서 내 슬픔을 느낀다.

운명이란 이미 정해져 있는 걸까, 아니면 인간이 스스로 운명을 만드는 것인지 도무지 알 수 없다. 어떤 운명으로든 우리의 인연이 운명으로 엮여 지금까지 살아왔다. 남편도 부모를 잘 만났더라면 또 몸이 불편한 나를 만나지 않았더라면 직장을 가지고 음악을 들으면서 여행을 다니는 낭만적인 사람으로 살지 않았을까 하는 생각이 든다. 하지만 어린 시절 그가 겪은 아픔이 지금까지 그의 트라우마가 되어 있다. 그러다 보니 성격도 변덕이 심해 자기 자신도 통제를 못하는 것 같다.

하루는 그렇게 애지중지하던 전축을 미친 듯이 박살을 내고 텔레비전도 부수고 그것도 분에 못이겨 나를 죽이려고 하였다. 도저히 감당이 안 돼 나도 모르게 아들에게 연락을 하였다. 쏜살같이 달려온 아들에게 남편은 정신없이 설쳐대다 냄비로 머리를 내리쳤지만 끝까지 참고 인내하며 아버지를 달래는 아들에게 나는 잘 참아 주었다고 손을 잡고 고맙다고 했다. 아니, 정말 고마웠다.

남편의 난동을 보다 못한 나는 정신병원에 연락하였다. 그러자 이내 출동한 병원 직원에게 이끌려가며 나와 아들을 번갈아 보는 원망스러운 눈빛에 서늘한 그늘이 드리워져 내 마음이 편치를 않았다. 남편이 그토록 싫어하던 정신과 병동으로 보내야만 하는 현실이 못내 원망스러웠다. 사람으로 차마 못 할 짓이었다. 이러지도 저러지도 못하고 갈등을 하며 스스로의 결정을 내렸다.

수많은 아픔을 몸속으로 삼키며 힘겹게 버티어 온 나의 이력서, 그 오랜 슬픔을 이제는 도려내야 하는 시간이 왔다.

불편한 몸으로 변호사 사무실을 가는 게 힘에 부쳐서 아들이 나를 업고 변호사 사무실로 법원으로 다니면서 소송을 준비하였다. 마지막으로 법원에서 만난 남편은 이제 정말로 새사람이 되겠다고 한다. 하지만 완전히 마음을 접고 끝이 났다. 새 식구 며느리가 들어왔는데도 안 되는 사람에게 더 이상 기회는 없다고 마무리하자 하니 남자로서의 자존심마저 내려놓고 빌고 빌었지만 굳게 먹은 마음은 더 이상 풀어지지 않았다. 몇 분 뒤 등본을 떼어보니 영원히 남남으로 서류가 정리되었다.

삶이란 어제와 오늘이 그리고 내일이 반복적으로 되풀이되는 것이다. 하지만 어제는 검은 색이었고 오늘은 회색, 내일은 희망으로 채색된 푸른색이기를 바란다. 그리고 질긴 인연으로 지금껏 살아온 모든 기억을 지우고 남편도 새 출발하기를 바란다. 그 옛날 우리가 처음 만났던 추억도 남편이 가장 좋아했던 팝송, '희미한 옛사랑의 그림자' 로 남기를….

나비가 되지 못한 애벌레

내 안에서 빠져나온 새로운 나는 비록 청춘의 나이는 아니지만 내가 주체가 되어 새로운 출발을 앞두고 있다. 오랜 시간 동안 나의 어깨를 짓눌렸던 무거운 시간들을 덜어내고 나니 새들의 지저귐도 창밖에 지는 나뭇잎 하나도 예사롭게 보이지 않는다. 그러나 당장에 해결해야 할 일은 생활비를 마련해야 한다. 무엇을 해야만 남은 생을 살아갈 수 있을까 궁리를 해보지만 딱히 떠오르는 것은 없고 가장 잘하는 일이 반찬을 만드는 일이니까 반찬가게를 열어봐야겠다고 생각을 하고 아들에게 의논을 하니 아들도 찬성하였다. 그래서 아들과 함께 부동산을 찾아가 ○○시장에 있는 조그만 가게를 싸게 얻어 김치와 밑반찬을 만들어서 파는 반찬가게를 열었다. 아들은 칠성시장을 드나들며 재료들과 필요한 물건들을 준비해 주며 나의 발이 되어 도와주었다.

처음 한 달은 장사가 재미있었다. 그러나 시간이 흐를수록 매출은 점점 감소되었다. 그러다 손님의 발길이 뚝 끊겨버리는 믿을 수 없는 상황까지 왔다. 답답한 마음에 소개해 준 부동산에 찾아가서 하소연을 하니 부동산 사장님은 가게 주인인 우리가 열 번째라는 것이다. 모든 원인은 우리가 너무 성급하게 장사에 뛰어드느라 시장조사와 정보도 확인하지 않고 ○○시장의 상권이 죽은 줄도 모르고 무작정 덤벼들었던 것이다. 그러다 보니 보증금도 날려버리고 가게 비품을 좁은 집안에 들여놓고 불편하지만 남은 재료를 가지고 반찬을 만들어 길거리에 주저앉아 팔았다. 그나마 가게 세를 내지 않으니까 마음은 편했다. 그리고 남은 시간에는 동네 구석구석을 수소문하여 사시사철마다 손으로 할 수 있는 단순 부업을 찾아 일거리를 집으로 가져왔다.

힘 빠진 다리를 몸에 지탱하여 오직 손가락만 움직여서 봄에는 딸기 꼭지를 정신없이 따고, 가을에는 마음을 깍듯이 밤을 밤새도록 깎았다. 불면증으로 잠이 안 오면 밤새워가며 밤낮으로 일을 하였다. 손목에 무리가 오는 줄도 모르고 일을 했다. 그때는 그것이 최선인 줄만 알았다. 마트에서 배추를 다듬고 버리는 껍데기를 주어서 국을 끓여 먹어 가며 몸부림쳤지만 점점 상황이 악화되기만 했다. 그러다 보니 손가락 모양이 얄궂다. 그런 내 모습을 보고 아들이 안쓰러움에 조금이라도 도움을 주고자 발버둥쳤지만 가난이란 세찬 바람을 피할 수가 없다. 아무도 도와 줄이 없고 내가 해결을 하는 방법밖에는 없기에 마지막으로 용기를 내보았다. 2금융권으로 발을 디뎠다. 전화로 상담을 하니 친절하게 서류를 만들어 오라고 하였다.

동사무소와 여기저기를 찾아다니며 한 뭉치 서류를 만들어 햇살론 사무실로 갔다.

지푸라기라도 잡는 심정으로 당당하게 노크했다. 쿵쿵거리는 목발 소리에 놀라서 출입구 쪽을 바라보는 사무실 직원들은 서류를 검토하기도 전에 거절을 한다. 사정하고 매달려도 봤지만 직원들은 내 사정은 안중에도 없었다. 사무실 규정이 그렇다고 설명을 하는데, 하늘이 노랗고 땅이 꺼진 것처럼 핑 돌았다. 그러다 막상 돌아갈려니 차비도 없었다. 어디서 그런 용기가 있었는지 교통비 하게 5000원만 달라고 사정하여 받아 나왔다. 그들에게 받은 돈으로 택시를 타고 오는데 너무 서러웠지만 눈물이 나지 않았다. 세상은 처음에도 이랬을까, 산다는 것은 너무 잔인하다는 생각이 든다. 기다리면 봄이 오고 꽃이 필줄 알았다. 그러나 봄이 와도 꽃이 피어도 나의 봄은 여전히 춥다.

또 다른 방식의 삶

모진 바람을 맞으며 돌고 돌아서 나이 63세에 드디어 나 혼자만의 공간이 생겼다. 2015년 6월 7일에 기적 같은 행운이 찾아와 임대아파트에 당첨이 되었다. 세상은 나를 버리지 않았다.

세상과 세상 사이를 떠돌다 도착한 마지막 종착역이다.

새로운 아파트에 이사를 마치고 벽에다 예쁜 달력을 걸어 놓고 햇살을 부려 놓는다. 눈이 부시다. 눈이 부신 햇살을 따라 밖으로 나와 본다. 능숙하게 휠체어를 운전하여 동네 한 바퀴를 돌며 성당을 찾아 헤매고 다녔지만 아무리 다녀 봐도 성당이 눈에 들어오시 않았다.

한 바퀴 돌아서 또다시 돌고 있는데 한 교회가 눈에 띄었다. 왠지 모르게 편안한 기분이 들어 교회로 향했다. '목민교회' 서슴없이 등록을 하고 새로운 신앙생활과 새로운 길을 열심히 걷자고 다짐했다.

주일 날 아침, 하나님을 뵙는 새로운 생활을 꿈꾸며 설레는 마음으로 아파트 뒷길로 휠체어를 타고 목민교회에 첫발을 디뎠다. 그러나 교회를 올라가는데 걸림돌이 있다. 계단으로 올라갈 수가 없다. 다행히도 한 집사님의 배려로 뒷문으로 해서 성전으로 들어가 예배를 본다. 신도들의 따뜻한 배려로 찬송가를 부르고 목사님의 설교를 들을 수 있으니 참으로 은혜를 많이 받는다고 생각한다. 목민교회를 다니면서부터 방황하던 마음도 안정이 되어 수면장애와 우울증에 많은 도움이 되었다. 믿음이란 계단을 한 계단, 한 계단씩 올라가 하느님에게 다다를 수 있도록 기도를 열심히 해야겠다. 어린 시절부터 어둠을 매만지면서 살아왔던 내 안에 가득했던 원망과 미움도 기도와 기도로 그 상처를 꿰매야겠다.

교회를 다니고 나서부터 성경책을 늘 가까이 두고 있다. 매일 성경을 읽지만 어릴 적부터 눈에 익었던 시편 23편은 내가 가장 좋아하는 구절이기에 암송하여본다.

여호와는 나의 목자시니 내게 부족함이 없으리로다.
그가 나를 푸른 풀밭에 누이시며
쉴만한 물가로 인도하시는 도다.
내 영혼을 소생시키고자
자기 이름을 위하여 의의 길로 인도하시는 도다.
내가 사망의 음침한 골짜기로 다닐지라도
해를 두려워하지 않는 것은
주께서 나와 함께 하심이라
주의 지팡이와 막대기가 나를 안위하시나이다.
주께서 내 원수의 목전에서 내게 상을 차려 주시고
기름을 내 머리에 부으셨으니 내 잔이 넘치나이다.
내 평생에 선하심과 인자하심이 반드시 나를 따르리니
내가 여호와 집에 영원히 살리로다.

– 시편 23편 –

새 생명의 탄생

생명은 하나님께서 주신 선물이기에 너무나 소중하다. 두 번째 손녀딸이 태어났다. 자식은 내 생명의 씨줄이고 손녀들은 날줄이다. 나란 존재는 또 다른 생명의 씨줄과 날줄로 이루어진 삶이다. 어린 아기의 탄생은 이리 축복받는 일인데 나의 탄생은 엄마에게도 할머니에게도 축복보다는 마치 불행의 씨앗으로 여겼다.

달뜨는 밤에는 온몸으로 기어다녔다. 무릎에는 상처가 나고 아물고 다시 상처가 나고 또 아물어 덕지덕지 굳은살이 배였다. 언젠가부터 나는 나의 울음을 묻어버렸다. 가슴 깊이 더 깊이 묻어버렸다. 울음을 묻기 시작할 때 몸에서 슬픔의 가시가 돋기 시작했다. 누구는 나의 가시에 찔리기도 했다.

나의 아들에게는 절대로 나처럼 아프지 않게 살아가도록 해주고 싶었다. 아들을 위해서라면 악마에게 영혼을 팔아야 한다면 팔 수 있었다. 그래서 남편의 폭력 앞에도 무릎을 꿇고 빌고 빌었다. 무슨 잘못을 한지도 모르고 그냥 때리니까 빌었다. 때로는 시장 난전에서 나물을 펴 놓고 팔 때도 아들을 생각하면 입가에 저절로 웃음이 나왔다. 하지만 아들은 내 곁을 떠났고 이제 한 가족의 가장이 되었다. 더 이상 품 안에 품고 살 수 없다.

내리사랑이라고 했다. 내 사랑이 아들에게로 아들은 다시 자식에게로 흘러가겠지. 어느 순간 내가 나이가 많이 들어서 혹여 아들에게 섭섭한 감정이 들더라도 서운해하지도 말고 내가 준 사랑도 대가를 바라지 말고 잊어버리자. 이제는 아들바라기 하면서 리어카에 가득 싣고 이리저리 다녔던 그 짐을 내려놓자. 조금 늦은 감은 있지만 아들도 가족을 이루고 가장이 되었으니 서로 놓아주고 각자의 인생을 걸어야 한다. 이 일은 누구의 과제도 아니고, 서로의 과제다.

김희경 생활지원사 선생님

기도로 새벽을 연다. 새벽에 마시는 싱그럽고 신선한 공기는 근심과 불평을 멀리하고 가슴속에 쌓인 어두운 기억들을 지운다. 벌써 유월이 왔다. 겨울이 지나간 자리에 봄이 머물고 봄이 머물다가 간 자리로 여름이 스며든다. 세월은 어찌나 빠른지 머리 위에 하얗게 서리가 내리기 시작하니 고생으로 부서진 손톱에 또 한생이 스며들어 삶의 옹이를 만든다. 지나간 것에 얽매이지 말고 오늘을 충실하게 살아갈 수 있도록 해준 사회복지제도는 나를 숨 쉬고 살아갈 수 있도록 해준 고마운 제도이다.

유월의 초여름 날씨치고는 무척 더운 날씨이다. 오늘은 김희경 생활지원사 선생님이 오는 날이다. 매주 화, 금요일마다 방문하여 안부를 살피고 담소도 주고받으며 두 시간 가까이 머물다가 가는데 내게는 그 시간이 참으로 행복한 시간이다. 복스러우면서도 착하게 생긴 선생님은 남의 이야기도 귀 기울여 잘 들어줘 편안한 마음에 내가 살아온 이야기를 늘어놓는 주책도 부린다. 그러면 선생님은 마치 자신이 당한 일처럼 때로는 분해하다 때로는 함께 슬퍼해주기도 하면서 이야기를 들어준다. 그러다 보니 나는 과거와 현재를 왔다 갔다 하면서 푹 빠져있기도 한다.

그래서 일주일 내내 선생님을 기다리는데 마침 오늘이 그날이다. 그런데 오늘은 환하게 웃으면서 들어오는 선생님의 손에 수박이 들려있다. 나는 반갑게 맞이하고는 가져오신 수박을 쪼개어 함께 먹는다. 올해 들어 처음 맛보는 수박이다. 달콤한 수박 맛에 잠시 행복해진다. 그리고 먹고 남은 수박 껍질을 씻어 예쁘게 잘라 맛있는 반찬을 만들어 보았다.

오는 정이 있으면 가는 정이 있듯이 나 또한 정성스럽게 반찬을 만들어서 따뜻한 밥 한 그릇을 대접해 드릴 수 있어서 행복의 맛을 함께 보았다. 누군가를 위해 마련한 밥상은 보잘 것 없으나 베풀 수 있음에 감사하여 요즈음 들어 내 얼굴빛이 달라졌다. 만나고 헤어짐이 무상하지만 그래도 가야할 길이 있기에 또 다른 만남을 안고 간다. 달리던 기차가 어느 역에 정차하듯 만남도 때가 되면 이별이란 역에 정차하겠지만 그렇더라도 기차가 달리듯 오늘도 달려간다. 만남과 이별을 향해….

그리운 언니

우연히 꺼낸 사진첩에서 여권을 만들기 위해 찍어 놓은 옛날 사진을 발견하였다. 물 건너 미국 땅에 있는 언니를 한번 만나보려고 여권을 만들기 위해 찍은 사진을 보며 그 때 설레던 감정들이 새삼 떠오른다. 유효 기간이 지나버린 여권으로 가끔씩 미국으로 가는 꿈을 꾸고는 한다. 어린 시절부터 유일한 혈육이자 든든한 보호자였던 세이, 참 좋았다. 성한 두 발로 당당하게 걷던 언니가 마냥 좋았다. 마음으로도 많은 의지가 되었고 유일한 내 편이었다. 혼자가 아니라서 더욱 좋았던 것 같다. 남들처럼 손을 잡고 언니를 따라다녔던 추억도 없고 할머니 곁에서 성장하면서 잠시 잠깐의 시간이라 자매간의 끈끈한 정도 크게 없다.

언니는 정상적인 사람이고 대접 받는 사람 중 한 사람이고 동생인 나는 장애인이란 이유로 버림받는 천덕꾸러기에 미운 틀만 박혀 있었다. 부족한 나는 사랑 받으며 살아야 할 권리도 없단 말인가? 오늘은 그 언니가 보고 싶다. 그리운 마음이라도 알아차린 듯 하늘에는 온통 먹구름이 덮였다. 왠지 모르는 슬픔이 구름 사이로 한 가득 밀려온다. 분명 아침은 든든하게 먹었는데도 허전하다.

언니와의 인연은 참으로 얄궂다. 언제부터인가 연락두절이 되어 남남이 되어버린 언니는 미국에서 부자가 되어 누릴 것 다 누리며 멋쟁이로 살고 있다는 소식을 가끔씩 부산에 살고 있는 고모에게 듣는다. 각자의 인생길에 실금이 가기 시작하면서 엉켜버린 실타래처럼 언니와 나의 관계는 참으로 슬프다. 언니는 미국에서 동생은 한국에서 얼굴도 까마득히 잊고 살아가고 있다. 몸이 멀어지면 마음도 멀어지는 걸까? 우리 자매는 너무 먼 길을 떠나와 버렸다.

다시 시작할 수 있다면 닫혀버린 감정의 고리를 풀고 하나뿐인 언니에게 달려가고 싶다. 달려가서 와락 껴안고 어리광도 부려보고 싶다. 그동안 고단했던 나의 시간들을 언니랑 나누며 위로받고 싶다. 이것도 나의 욕심이겠지?

나에게는 어머니가 다른 남매들과 아버지가 다른 남동생들이 있다. 그들은 부모님이 살아계실 때는 가끔씩 소식이라도 주고 받고 가뭄에 콩 나듯이 얼굴도 보았다. 이쪽저쪽 모두 나의 자리와 나의 사랑을 모조리 빼앗아 가버린 그들이 한때는 한없이 미웠고 원망도 많이 했던 철부지 시절도 있었다. 그러나 돌이켜 보며 그들도 마냥 행복하지 않았으리라는 생각을 지금에서야 깨닫게 되었다. 남동생이 있어서 친정은 살아있다. 하지민 그들과 엮일 수 없다. 가까이 다가갈 수도 없고 멀리서 지켜볼 수도 없어 완전 남남처럼 살고 있는 처지이다.

혈육이란 무엇일까? 그들과의 인연은 여기까지일까? 먼 훗날 다시 만나서 돈독한 정을 나눌 수 있을까? 해결 방법이 어딘가에 있을 것이다. 그 방법을 찾고 싶다.

아스팔트 위에 핀 민들레

최근 우리 사회와 전 세계가 2019년 갑자기 찾아온 코로나19라는 손님으로 인하여 어수선하다. 우리나라 역시 경제적인 문제와 모든 국민들이 불편함과 어려움으로 몹시 힘들다.

세상에 그 누구도 예상하지 못한 변수다. 나는 국가에서 주는 수급으로 큰 어려움은 없지만 자영업자들과 예술인들이 어려움에 처해있다는 안타까운 사실이다.

예전에 비해 가능한 바깥활동을 자제하고 집에 머무르는 시간이 많아지면서 우울한 생각도 들고 조금 답답하기도 하여 일주일에 두 번씩 방문하시는 생활지원사 선생님을 기다리는 버릇이 생겼다. 집안일도 도움주시고 말벗까지 되어주어 많은 도움이 된다. 어렸을 때부터 누군가에게 의존하는 것은 꿈도 꿀 수 없었지만 나이가 들어가면서 자꾸만 나약해지는 나 자신을 발견한다. 혼자라는 외로움이 무섭기도 하다. 점점 길어지고 있는 무서운 코로나가 준 불편함은 답답한 일상생활 연속과 비대면 연속으로 마음까지 어수선하여 하루빨리 회복되길 바라는 마음이다.

강물은 늘 흐른다. 거꾸로 흐를 수 없듯 우리 인생도 과거로 돌아가지 못한다. 나도 이제는 과거를 벗어던져야겠다. 그리고 흐르는 물처럼 흐르는 대로 흘러갈 것이다.

천덕꾸러기 신세는 살아남기 위한 방법을 터득하여 구박하면서 내치시던 할머니로 인하여 소박한 것이라도 만족할 줄 아는 지혜를 배웠다. 절박한 심정으로 벼랑에 내 몰리는 상황 속에서도 유난히도 많이 감싸주고 사랑해 주던 할아버지 때문에 구김살 없이 삐뚤어지지 않고 긍정적인 마인드로 열심히 살 수 있었다. 주고 또 주어도 끝이 없는 풍성함을 주신 할아버지의 훌륭함을 되새겨본다.

혼자 웅크렸던 시간들이 마음에 저리어 더러는 가슴의 통증을 견딜 수 없어 생을 마감하고 싶을 때도 있었지만 이야기 속에다 아름답게 장식했다. 이제는 마음을 다 내려놓았다. 편안하다. 환하게 웃을 수 있다. 육체적으로는 마음대로 움직일 수 없지만 마음은 한껏 누릴 수 있다는 것이 행복이란 것을 때늦은 70이 다 되어서야 알게 되어 조금 부끄럽기도 하다. 행복은 보이지 않는 곳에 숨겨져 있는 것을 발견하지 못했다. 이제는 나보다 더 힘든 사람을 살펴보게 된다.

봄이면 싹을 피우기 위해 밀어내는 연두처럼 남은 인생에 행복의 꽃밭을 가꾸어 나가야겠다. 겨우내 여기저기 짓밟힌 꽃들이 작은 봉우리를 터트리는 것을 보며 나를 닮은 민들레라 생각한다.

시작은
희망이다

2021년 12월 27일 초판 1쇄 찍음
2022년 01월 10일 초판 1쇄 펴냄

지은이 _ 최숙자
펴낸이 _ 라문석
교 정 _ 김옥경
편 집 _ 장상호

펴낸곳 _ 도서출판 두엄
등록번호 _ 제03-01-503호
주소 _ (41969) 대구광역시 중구 명륜로12길 21
대표전화 _ (053)423-2214
전자우편 _ dueum@hanmail.net

ISBN 978-89-85645-43-0 03810